Jochen Michels (Hrsg.)

Stillschweigen / Enthaltsamkeit und Mass bei der Ernährung

Jochen Michels (Hrsg.)

Stillschweigen / Enthaltsamkeit und Mass bei der Ernährung

Armand Jean Le Bouthillier de Rancé – Über die Heiligkeit und Pflichten des Ordenslebens - 1683/1701, Kap. XVII u. XVIII

Fromm Verlag

Impressum / Imprint
Bibliografische Information der Deutschen Nationalbibliothek: Die Deutsche Nationalbibliothek verzeichnet diese Publikation in der Deutschen Nationalbibliografie; detaillierte bibliografische Daten sind im Internet über http://dnb.d-nb.de abrufbar.

Bibliographic information published by the Deutsche Nationalbibliothek: The Deutsche Nationalbibliothek lists this publication in the Deutsche Nationalbibliografie; detailed bibliographic data are available in the Internet at http://dnb.d-nb.de.

Verlag / Publisher:
Fromm Verlag
ist ein Imprint der / is a trademark of
OmniScriptum GmbH & Co. KG
Bahnhofstraße 28, 66111 Saarbrücken, Deutschland / Germany
Email: info@omniscriptum.com

Herstellung: siehe letzte Seite /
Printed at: see last page
ISBN: 978-3-8416-0112-4

Rancé: SDVM - Kapitel XVII und XVIII

Armand Jean Le Bouthillier de Rancé, OCSO

Über die Heiligkeit

und

die Pflichten

des Ordenslebens

Kapitel XVII - Stille und
Kapitel XVIII – Enthaltsamkeit und Mäßigung bei der Nahrung

(Übersetzung von „De la Sainteté et des Devoirs de la Vie Monastique »)

DE

LA SAINTETÉ

ET

DES DEVOIRS

DE LA VIE

MONASTIQUE.

TOME SECOND.

A PARIS,
Chez FRANÇOIS MUGUET, Imprimeur ordinaire du Roy & de
Monſeigneur l'Archeveſque, ruë de la Harpe.

MDCLXXXIII.
Avec Approbation & Privilege.

Vorbemerkung

Abt Armand Jean Le Bouthillier de Rancé war der große Reformator der Zisterzienser von der strengeren Observanz, OCSO – der Trappisten, wie sie auch genannt werden.

Heute sagen manche sogar, dass das gesamte abendländische Ordensleben ohne seine Einflüsse schon seit 300 Jahren nicht mehr existieren würde.

Besonders bedeutend neben seinem mutigen Wandel in der eigenen Lebensführung sind seine vielen mündlichen und schriftlichen Äußerungen zum Glauben, zum Leben der Ordensleute und zu theologischen Fragen. Seine Anweisungen, mit denen er seine Mitbrüder in ihrem Ordenleben bestärkt und ihnen ihre Pflichten verdeutlicht, können wir unter den Namen Predigten, Ermahnungen und Instruktionen finden.

Als strenger Lehrer ist er selbst nicht nur unverdächtig, sondern in höchstem Masse glaubwürdig, hat er doch in seinem persönlichen Leben den radikalen Schritt vom reichen Lebemann zum asketischen Mönch vor aller Augen vollzogen. Angeregt wurden wir durch einen deutschen Trappisten-Mönch, seine Arbeiten ins Deutsche zu übertragen, da die einzige frühere Übersetzung, die 1750 in Augsburg[1] erschien, sehr frei und lückenhaft war und heute kaum noch zu lesen ist.

Das ganze über 1.000-seitige Werk «De la Sainteté et des Devoirs da la Vie Monastique» ist in 23 Kapitel gegliedert. Darin gibt de Rancé seinen

[1] Des Hochwürdigen und Gottseeligen Im Leben und nach dem Todt wunderthätigen Herrn Armandi Joannis De Rancé, Abbtens und Reformators des Closters U. L. Frauen zu La Trapp Cistercienser Ordens, Welcher den 27. Octobris 1700. heilig verschiden ist, Vortreffliches Werck von der Heiligkeit und denen Pflichten des Clösterlichen Lebens (Augsburg|Augspurg, 1750)

Mitbrüdern ausführliche Antworten auf ihm gestellte – oder erdachte – Fragen.

Dazu wurden die beiden Ausgaben von 1683 und 1701 mit Hilfe von Trappistinnen des belgischen Klosters Notre-Dame de Clairefontaine digitalisiert, in modernes Französisch übertragen und uns zur Verfügung gestellt. Rechte

beanspruchen weder die deutschen Trappisten noch eine andere Institution, bisher gibt es keine offizielle kirchliche Bewertung der Texte.

Für Korrekturen und nützliche Hinweise sind die Übersetzer jederzeit dankbar.

Daran haben als ehrenamtliche Helfer Herr Willi Reetz, P. Leo OCarm, und Jochen Michels zusammen gearbeitet.

Zum Satzbau und zur Interpunktion:

Der Autor de Rancé verwendet in seinen Schriften eine sehr impulsiv-dynamische Sprache, die ahnen lassen, welcher Geist ihn umtrieb und mit welcher Energie er sich damals seinen Mitbrüdern mitteilte.

So scheut er sich niemals vor einem ungewöhnlich langen und vielfach verschachtelten Satzbau, wenn er Argumente um Argumente aneinander reiht, um seinem Anliegen mit Nachdruck und Verve Gewicht zu verleihen.

Auch ohne Kenntnis der damaligen Situation ist zu vermuten, dass er sich souverän über jede offizielle französische Sprachregel, Grammatik, Syntax hinwegsetzte, wenn der Gedankenfluss seine Feder beflügelte. Man versteht nun, dass sein populärstes Bild ihn am Schreibepult in „vollem Schwung" darstellt.

Auch Punkte, Kommata, Semikola verwendet er oder sein Typograf mit kühner Freiheit so, dass man auf weite Strecken den Eindruck hat, hier wurden rednerische oder mündliche Äußerungen protokolliert und dann ohne akribische Redaktion in voller Originalität zu Papier gebracht. Das macht eine wortgetreue Übersetzung natürlich unmöglich. Und selbst beim Satzbau kommt man nicht ohne den einen oder andern Kompromiss aus.

So mag die Übersetzung manchmal holperig klingen, denn wenn wir vor der Wahl standen:

- wort- , satz- und sinngetreu oder
- flüssig in aktuellem Deutsch,

so haben wir uns meist für die erste Variante entschieden.

Doch sind wir überzeugt, Sinn und Anliegen von Armand Jean le Bouthillier de Rancé im Wesentlichen sinngetreu und wortnah wiederzugeben.

Die lateinischen Zitate wurden manchmal geringfügig korrigiert, selten weil die Originale fehlerhaftes Latein enthalten, öfter weil in dem alten Original ihre Lesbarkeit manche Buchstaben nicht ganz eindeutig erkennen lässt.

Die Fußnoten betreffen jeweils den französischen Text und die deutsche Übersetzung; sie sind aus Platzgründen meist auf der französischen Seite zusammengefasst.

Die Fußnoten-Nummerierung ist nicht genau identisch, weil im Deutschen einige zusätzliche erforderlich wurden. Wenn Bibel- und Buchzitat-Stellen in Französisch und Deutsch gleich sind, wurden sie nicht übersetzt.

Manche Zitate anderer Schriften konnten nicht eindeutig übersetzt bzw. geklärt werden. Da hier keine wissenschaftliche Arbeit angestrebt wird, haben wir sie im Original stehen lassen.

Fragezeichen bei Fußnoten deuten an, dass weder im Original noch in der modernisierten französischen Fassung Genaueres ersichtlich war.

Für Korrekturen und nützliche Hinweise sind die Übersetzer jederzeit dankbar. Bitte richten Sie diese an den Herausgeber unter der Mail-Adresse: jochen.michels@jomi1.com

Aus technischen Gründen haben wir mit Band II begonnen, zunächst erschien Kapitel XVI – über die Zurückgezogenheit.

Dieser Band enthält die Kapitel:

XVII – vom Stillschweigen und

XVIII – Enthaltsamkeit und Mäßigung bei der Nahrung

Die gesamte Kapitelstruktur der zwei Bände finden Sie am Ende dieses Buches.

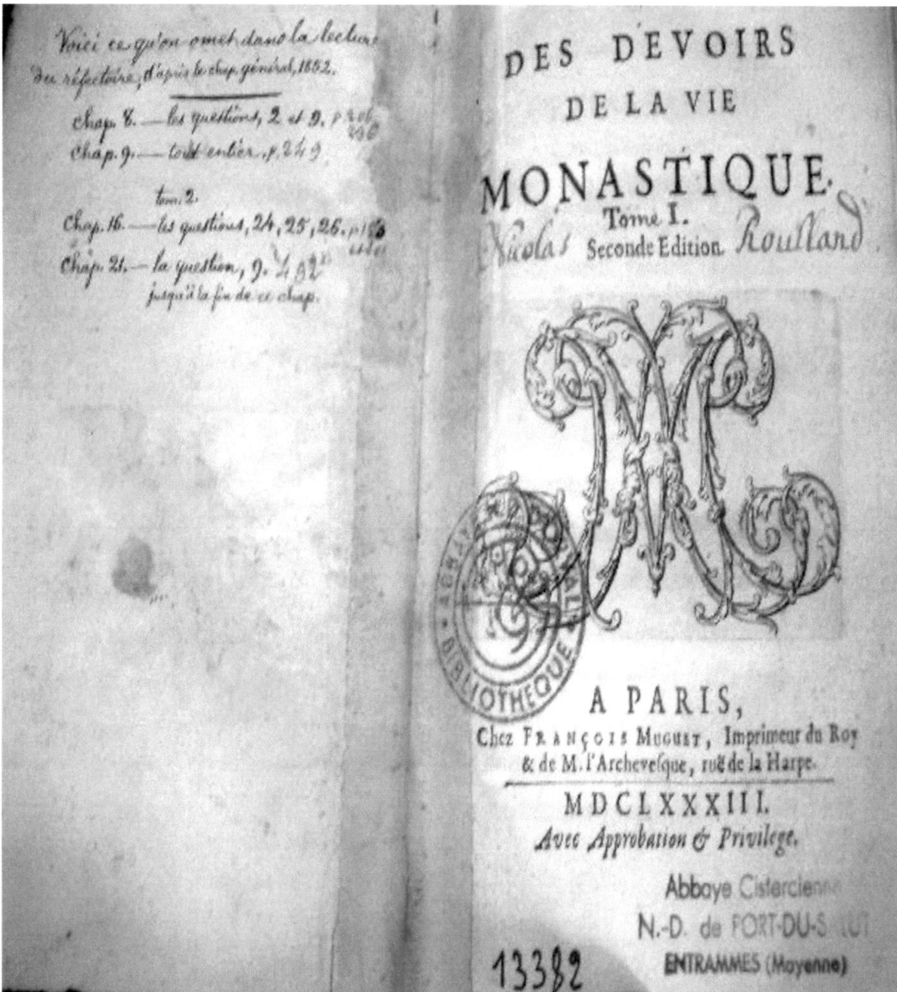

Voici ce qu'on omet dans la lecture du réfectoire, d'après le chap. général, 1882.

Chap. 8. — les questions, 2 et 9.

Chap. 9. — tout entier, p. 249

tom. 2

Chap. 16. — les questions, 24, 25, 26.

Chap. 21. — la question, 9.

jusqu'à la fin de ce chap.

DES DEVOIRS DE LA VIE MONASTIQUE.

Tome I.

Nicolas Seconde Edition. Roulland

A PARIS,

Chez FRANÇOIS MUGUET, Imprimeur du Roy & de M. l'Archevesque, ruë de la Harpe.

MDCLXXXIII.

Avec Approbation & Privilege.

Chapitre 17 Du silence

Question première

Faut-il que les religieux observent le silence avec beaucoup d'exactitude?

Réponse

Les mêmes motifs, mes frères, qui ont porté saint Benoît à ordonner une stabilité si inviolable, l'ont obligé de nous prescrire les règles d'un silence rigoureux. Il n'y avait rien de plus raisonnable que de vouloir rendre aux moines par une séparation exacte, la piété qu'ils avaient perdue par des communications indiscrètes; et il est certain qu'on nourrira ses passions et qu'on vivra selon ses cupidités dans les solitudes aussi bien que dans le monde, à moins que les entretiens et les conversations en soient entièrement bannies.

Kapitel XVII - Vom Stillschweigen

Erste Frage

Müssen Ordenleute die Stille mit großer Strenge einhalten?

Antwort

Die gleichen Gründe, die den hl. Benedikt bewogen, eine so unerschütterliche Ortstreue vorzuschreiben, haben ihn auch verpflichtet, uns allerstrengste Stille aufzuerlegen. Nichts war folgerichtiger, als den Mönchen durch eine strenge Trennung das zurückgeben zu wollen: die fromme Achtung, die sie durch beliebige Unterhaltungen verloren hatten; und ganz sicher kann man seine Leidenschaften und Begierden in der Abgeschiedenheit in gleicher Weise nähren und ausleben wie in der Welt, wenn nicht die Unterhaltung und Gespräche vollständig verbannt sind.

- Un **homme vain**, qui par le dérèglement de son cœur, voudra se faire valoir et paraître habile, trouvera de quoi se contenter dans son cloître, s'il a la liberté d'y parler, et douze de ses frères lui tiendront lieu d'une assistance nombreuse.
- Un **ambitieux** regardera les charges du monastère, quelque viles qu'elles poussent être, comme des emplois considérables:
- un **brouillon** y ménagera des cabales et des partis avec autant d'application que s'il s'agissait du renversement d'un État.
- Un **homme colère** aura de perpétuelles occasions d'échauffer sa bile.
- Un **impudique** d'enflammer ses mauvais désirs.
- Un **médisant** de répandre la malignité de son venin.
- Un **inquiet** d'exciter des divisions et des murmures.
- Un **causeur** de débiter ses contes.
- Un **complaisant** de lier des amitiés particulières.

Enfin, chacun y suivra ses mouvements et ses humeurs.

Les passions auront changé de théâtre et seront resserrées en des bornes plus étroites; mais bien loin d'en être détruites, elles en deviendront plus vives et plus ardentes. Et l'unique expédient qu'on puisse prendre pour remédier à tous ces désordres, est de rompre les communications et d'empêcher les commerces par l'observation d’un silence exact, car pour lors, la nature n'ayant plus ni moyens, ni espérance de se satisfaire, s'arrêtera et ses habitudes aussi bien que ses inclinations s'amortiront, quand elle ne trouvera rien qui les fortifie ni qui les soutienne.

Ein **Angeber,** der auf Grund der Fehlhaltung seines Herzens sich selbst herausstellen und als besonders befähigt gelten will, kann auch in seinem Kloster seiner Neigung entsprechend leben, wenn er dort reden kann und zwölf seiner Mitbrüder für ihn eine zahlreiche Zuhörerschaft darstellen.

- Ein **Ehrsüchtiger** wird die Aufgaben des Klosterlebens, so niedrig und gemein sie auch sein mögen, als hochbedeutsame Beschäftigungen ansehen.
- Ein **Querkopf** wird dort Intrigen und Parteilichkeiten verursachen und zwar mit solchem Eifer, als handele es sich um einen politischen Umsturz.
- Ein **Aufbrausender** wird ständig Gelegenheit zu Wutanfällen haben.
- Ein **Lüstling** zum Wiederaufleben seiner üblen Begierden.
- Ein **Verleumder** zur Verbreitung der Bösartigkeit seines Giftes.
- Ein **unruhiger Geist** wird Streitereien und Gerüchte verursachen.
- Ein **Schwätzer** wird seine Märchen an den Mann bringen.
- Ein **Gefallsüchtiger** wird versuchen besondere Freundschaften zu knüpfen.

Letztendlich wird jeder auch im Kloster seinen Neigungen und Veranlagungen folgen.

Diese werden sich nur auf einer anderen Bühne abspielen und engere Grenzen haben. Aber anstatt abgetötet zu werden, werden sie noch lebhafter und hitziger. Das einzige Mittel, um jenen Verirrungen entgegenzuwirken, besteht darin, die Kommunikation mit anderen abzubrechen und durch Einhalten des strengen Schweigens den Austausch zu verhindern.

Denn von da an wo die natürliche Veranlagung weder Gelegenheit noch Hoffnung hat sich auszuleben, wird sie aufhören zu bestehen und ihre Gewohnheiten und Neigungen werden absterben, wenn sie nichts mehr findet, was sie stärkt und unterstützt.

Question II

Faut-il que le silence soit perpétuel?

Réponse

On ne tirera aucun avantage du silence dans une congrégation monastique, si on ne le garde que par intervalle, et qu'il soit permis aux frères d'avoir quelquefois des communications particulières. Les conversations pour être courtes et rares n'en seront pas moins malignes, ni moins dangereuses. Les frères en ménageront les moments; ils trouveront bientôt le secret de dire en peu de temps beaucoup de choses. Quand ils seront contraints de quitter et de laisser leurs conversations imparfaites, ils ne manqueront pas de les achever lorsqu'ils auront la liberté de se rejoindre. Et comme il est presque impossible qu'en se voyant, l'envie de se voir et de se communiquer n'augmente, ils conviendront enfin et des lieux et des temps pour en trouver les moyens, sans se mettre en peine ni de la volonté du Supérieur, ni de la règle du monastère; ce qui est précisément la ruine de la discipline et de l'extinction de la piété.

Mais si le silence est perpétuel, si les frères en considèrent l'obligation comme indispensable, on en recevra des biens et des utilités extrêmes, et l'on connaîtra qu'il n'y a rien d'où dépende davantage le bon ordre et la sanctification des cloîtres.

Premièrement, les frères n'ayant aucune habitude les uns avec les autres, et ne contractant point ces familiarités qui produisent presque toujours l'éloignement ou le mépris, se considéreront avec estime, et leur charité ne sera jamais altérée.

Frage II

Muß man das Stillschweigen immer einhalten?

Antwort

Man gewinnt in einer Ordensgemeinschaft keinerlei Nutzen aus dem Schweigen, wenn man nicht auch Unterbrechungen duldet, und den Brüdern sollte es erlaubt sein, sich manchmal zu bestimmten Zwecken auszutauschen. Auch wenn Gespräche kurz und selten sind, werden einige davon nicht weniger bösartig und gefährlich sein. Die Brüder werden die Zeiten dafür finden, sie werden bald heraus haben, wie man in kurzer Zeit eine Menge sagen kann. Wenn sie gezwungen sind, ihre Gespräche unvollendet zu lassen, werden sie sicherlich Wege finden, sie zu Ende zu führen, wenn sie wieder frei sind, sich zu treffen. Und da durch den gegenseitigen Anblick der Wunsch sich zu sehen und mitzuteilen verstärkt wird, werden sie schließlich Mittel, Orte und Zeiten finden, ohne sich in Schwierigkeiten gegenüber dem Oberen und den Regeln des Klosters zu bringen, und das ist geradeswegs der Zusammenbruch der Disziplin und das Erlöschen der Frömmigkeit.

Aber wenn das Schweigen ewig ist, wenn die Brüder es als unaufgebbare Verpflichtung ansehen, dann werden sie daraus extrem viel Gutes und Nutzen ziehen, und man wird erkennen, dass nichts entscheidender ist für die gute Ordnung und die Heiligung der Klöster.

Erstens, da die Brüder miteinander keinen Umgang haben, und sich so keine Vertraulichkeiten bilden werden, die fast immer Entfremdung oder Missverständnisse entstehen lassen, werden sie sich mit Respekt behandeln, und ihre Liebe wird beständig bleiben.

Secondement, s'il s'en trouve quelqu'un dont les inclinations se portent au mal, son dérèglement ne sera que pour lui seul et les barrières du silence empêcheront qu'il ne se communique à ses frères.

Troisièmement, il ne se formera jamais entre eux ni faction, ni murmure, n'étant pas possible qu'il en arrive où il n'y a point de communication.

Quatrièmement, les correspondances et les relations qui doivent être entre les frères et le supérieur, en seront plus étroites lorsqu'elles ne seront point diverties par des entretiens et des confidences particulières.

Cinquièmement, les supérieurs ne trouveront jamais d'opposition à ce qu'ils voudront établir pour la conservation du bien et pour la perfection des frères. Et quand même il y en aurait quelqu'un qui ne serait pas de son avis, il n'osera pas faire paraître son sentiment, de crainte qu'il ne soit seul, et qu'il n'y ait aucun de ses frères qui l'appuie.

Sixièmement, comme le cœur n'aura pas lieu de se répandre et de s'affaiblir par de vains discours et des entretiens inutiles, le recueillement en sera plus grand, les pensées plus pures, la contemplation plus vive, la prière plus ardente et plus continuelle. Et l'âme s'approchera de Dieu par une familiarité d'autant plus sainte et plus intime, qu'elle se fera privée pour l'amour de lui de tout commerce avec les hommes.

Zweitens, wenn sich jemand findet, dessen Neigungen böse sind, werden seine Ungeordnetheiten nur für ihn selbst wirksam und die Kultur des Schweigens wird verhindern, dass sie sich auf seine Brüder übertragen.

Drittens wird es nie zu Parteiungen zwischen ihnen kommen, zu Tuscheleien kann es nicht kommen, wenn es keine Kommunikation gibt.

Viertens, die notwendigen Verbindungen und Beziehungen zwischen den Brüdern und dem Oberen werden enger, wenn sie nicht durch Unterhaltungen und besondere Vertraulichkeiten abgelenkt werden.

Fünftens, die Oberen werden keinen Widerstand finden zu dem, was sie für die Erhaltung des Wohlergehens und der Vollkommenheit der Brüder tun wollen. Und wenn es auch jemand gäbe, der dem nicht zustimmen würde, wird dieser nicht wagen, seine Meinung zu sagen, um nicht allein zu sein, und weil ihn vielleicht keiner seiner Brüder unterstützt.

Sechstens, da das Herz sich nicht verbreiten und mit leeren Worten und unnötige Gespräche schwächen kann, wird die innere Sammlung größer, die Gedanken reiner, die Kontemplation intensiver, das Beten inniger und beständiger. Und die Seele nähert sich Gott in einer Vertrautheit die umso heiliger und intimer ist je mehr sie um dieser Liebe willen sich von allen Geschäften der Menschen fernhält.

Question III

Ne serait-ce pas une chose utile à un religieux d'entendre de son frère quelque parole de consolation?

Réponse

Il ne serait pas impossible qu'un religieux trouve quelquefois de l'édification dans l'entretien de quelqu'un de ses frères, mais cela produirait de si grands inconvénients et aurait tant de méchantes suites, que quand on mettra les biens auprès des maux, il faut que l'utilité de la conversation soit comptée pour rien et qu'on se déclare sans balancer pour la nécessité du silence.

Il est incomparablement plus aisé de se taire, que de garder des mesures si justes lorsqu'on parle, que l'on ne commette aucun excès dans ses paroles.

On retient les eaux, quelques grandes qu'elles soient, par le moyen des digues qu'on leur oppose; mais pour peu qu'elles trouvent d'ouverture, elles se font un passage, elles débordent avec impétuosité, et il 'n'y a plus rien qui soit capable d'en arrêter le cours. Ainsi l'on domine sur la parole par le silence en se faisant une loi et une nécessité de se taire; mais depuis qu'on a commencé de parler, il est très difficile de régler son discours et d'en être entièrement le maître. Et il échappe souvent aux personnes les plus exactes et les plus considérées, des choses qu'elles ne devraient et ne voudraient pas dire.

Frage III

Wäre es für einen Mönch nicht hilfreich, von seinem Bruder Worte des Trostes zu hören?

Antwort

Es ist nicht unmöglich, dass ein Ordensmann manchmal Trost im Gespräch von einem seiner Brüder erfährt, aber dies würde so große Unannehmlichkeiten verursachen und hätte so viele schlimme Folgen, dass, wenn man Vorteile und Nachteile abwägt, der Nutzen des Gesprächs nichts zählt und wir ohne zu zögern die Stille als nötig ansehen.

Es ist unvergleichlich leichter zu schweigen, als diese guten Maßnahmen beim Reden einzuhalten, weil man in seinen Worten keine Übertreibungen begehen kann.

Man dämmt Wasser, mag es noch so viel sein, durch Deiche, die man ihm entgegenstellt; aber findet es auch nur eine kleine Öffnung so schafft es sich einen Durchfluss, es überspült (den Damm) mit Ungestüm und nichts kann seinen Lauf aufhalten. So gewinnt man den Sieg der Stille über das Reden, indem man sich ein Gebot gibt und die Notwendigkeit zu schweigen auferlegt; hat man aber begonnen zu reden, ist es sehr schwierig, seine Rede Regeln zu unterwerfen und auf diese Weise ihrer ganz Herr zu sein. Und oft sagen gerade die strengen und sorgfältigen Personen etwas, was sie nicht sagen sollten und wollten.

Les gens de piété même traitent souvent les affaires de Dieu d'une manière toute humaine: on les commence assez par le mouvement de son Saint-Esprit, mais on les continue et on les finit par les mouvements de la nature. On s'y recherche et on veut être écouté; on veut être applaudi, on veut que ces sentiments prévalent; et il n'y a rien de plus ordinaire que de voir des entretiens de piété devenir des contestations ou dégénérer en conversations inutiles, vaines et curieuses. C'est la raison pour laquelle le prophète s'est observé de si près et qu'il s'est abstenu de parler même de choses saintes: *Obmutui et silui a bonis*[2].

C'est pourquoi, mes frères, on ne saurait se rendre trop inflexible dans l'observation du silence, ni mettre de trop grandes distances entre les religieux parce que si, ayant la liberté de parler, ils se donnent une fois celle de s'entretenir de propos qui ne leur sont pas permis; s'ils sortent des bornes qui leur sont prescrites; s'ils reconnaissent en cela leur faiblesse; s'ils s'aperçoivent qu'ils sont capables de se parler et de s'entendre sur les choses qui ne touchent point leur salut, ils lieront des conversations sur toutes sortes de matières. Ils se communiqueront leurs pensées, leurs tentations, leurs imaginations, leurs peines, leurs mécontentements. Ils se mettront dans le cœur des uns des autres, comme des pierres d'attente pour les besoins et les affaires à venir; ils s'uniront par les liens d'une charité fausse et particulière; ce qui ne peut être sans la destruction de la charité commune. Les paroles de saint Ambroise sur ce sujet sont bien dignes d'être remarquées:

[2] Ps 38, 3 / Ps 39,3 So blieb ich stumm und still; / ich schwieg, vom Glück verlassen,….

Selbst fromme Menschen behandeln Gottes Sache oft in einer ganz menschlichen Weise: man beginnt klein durch die Regung Seines Heiligen Geistes, führt es aber beharrlich fort und schliesst sie durch die natürlichen Regungen ab. Man sucht und forscht und will gehört werden; man möchte Beifall erhalten und wünscht dass diese Empfindung alles andere überragt; und es ist nichts normaler, als zu beobachten wie diese frommen Gespräche in Streitereien oder nutzlose Unterhaltungen ausarten, eitel und voll Neugier. Aus diesem Grund hat der Prophet sich so genau beobachtet und sogar abgelehnt, von heiligen. Dingen zu sprechen: *Obmutui et silui a bonis.*

Daher, meine Brüder, kann man sich nicht standhaft genug zeigen, was die Beobachtung der Stille oder auch das Wahren einer großen Distanz zwischen den Ordensleuten angeht, denn wenn sie die Freiheit zu sprechen haben, nehmen sie sich diese auch zur Unterhaltung über unerlaubte Themen heraus; wenn sie die ihnen gesetzten Grenzen überschreiten, wenn sie darin ihre Schwäche erkennen, wenn sie bemerken, dass sie Dinge reden und hören können, die ihr Heil in keiner Weise betreffen, werden sie Gespräche über alle möglichen Themen führen. Sie teilen ihre Gedanken, ihre Versuchungen, ihre Phantasien, ihre Sorgen, ihre Unzufriedenheit. Sie öffnen einander ihre Herzen, wie Mahnmale der Bedürfnisse und künftiger Erwartungen; sie vereinen sich in Bindungen einer falschen und absondernden Liebe, was nicht ohne Zerstörung der gemeinsamen Nächstenliebe abgeht. Die Worte des hl. Ambrosius zu diesem Thema sind sehr bemerkenswert:

Quelle nécessité, dit-il, pouvez-vous avoir de vous exposer, en parlant, au danger d'une condamnation, puisqu'en vous taisant vous pouvez être en assurance? J'ai vu une infinité de personnes tomber dans la parole, et à peine en ai-je vu une seule tomber par le silence[3]. *Quid opus est ut properes periculum suscipere loquendo, cum tacendo possis esse tutior? complures vidi loquendo in peccatum incidisse, vix quemquam tacendo.*

Il suffit, mes frères, qu'on risque beaucoup toutes les fois qu'on parle; qu'il y ait tant de peines à régler les mouvements de la langue; que les âmes les plus parfaites s'y laissent surprendre et que la voie du silence soit la plus assurée pour ne point douter que des religieux ne soient dans l'obligation de la suivre, puisqu'ils se sont retirés dans les monastères comme en des ports de salut, pour se garantir des tempêtes, des écueils et de tout ce qui pourrait rendre leur navigation incertaine. Et soyez persuadés que cette petite consolation qu'on croit trouver dans une conversation particulière, n'a rien de comparable aux grands biens qui se rencontrent dans un grand silence.

Cependant, comme il ne serait pas possible d'imposer un joug si pesant à des gens qui ne voudraient pas le recevoir, et qu'il n'y aurait point d'apparence de les assujettir malgré eux à une observance si pénible et si rigoureuse, il faut que les supérieurs emploient toute leur étude et toute leur adresse, pour faire que leurs frères en connaissent l'utilité et la nécessité tout ensemble, afin qu'ils l'estiment, qu'ils l'aiment et qu'ils la désirent; autrement ils ne viendront jamais à bout de l'établir, quoi qu'ils puissent faire pour cela, et les frères trouveraient toujours une infinité de moyens pour rendre leur zèle et leur vigilance inutiles.

[3] Offic l c.2 / Wozu ist es nötig, dass du dich beeilst, durch Sprechen Gefahr zu laufen, während du durch Schweigen sicherer leben kannst? Ich habe gesehen, dass mehrere durch Sprechen in Gefahr geraten sind, dass aber durch Schweigen kaum jemand da hinein geraten ist.

Welche Notwendigkeit gibt es, sagt er, dass Ihr Euch im Gespräch der Gefahr einer Verdammung aussetzt, während ihr im Schweigen ganz sicher wäret? Ich sah eine unendliche Zahl von Menschen durch Worte fallen aber kaum einen Einzigen der durch Schweigen gefallen wäre. *Quid opus est ut properes periculum suscipere loquendo, cum tacendo possis esse tutior? complures vidi loquendo in peccatum incidisse, vix quemquam tacendo.*

Es reicht aus, meine Brüder, dass man beim Reden jedes Mal viel riskiert, und es bedarf so vieler Mühe, die Zunge im Zaum zu halten, dass die vollkommensten Seelen sich dabei überraschen lassen und dass der Weg des Schweigens der sicherste ist, und um nicht zu zweifeln, dass die Ordensleute ihm folgen müssen, zogen sie sich in die Klöster als Häfen des Heiles zurück zu Schutz vor Stürmen, Riffen und allem was ihre Fahrt hätte unsicher machen können. Und seid versichert, dass der geringe Trost eines solchen privaten Gespräches in keinem Vergleich steht zu den großen Gütern, die man in der großen Stille findet.

Doch ebenso wie es nicht möglich wäre, Menschen gegen ihren Willen ein so schweres Joch aufzuerlegen und wie es nicht den leisesten Anschein gäbe, sie dennoch einer so strengen und schmerzhaften Observanz unterwerfen zu können, so ist es doch nötig, dass die Oberen ihr ganzes Wissen und Geschick einsetzen, damit ihre Brüder dessen Nutzen und Notwendigkeit erkennen, damit die es schätzen, lieben und herbeisehnen; sonst werden sie nie dahin gelangen es auf sich zu nehmen, gleich wie sie sich darum bemühten, und die Brüder würden immer unendlich viele Möglichkeiten finden, um ihren Eifer und ihre Wachsamkeit nutzlos zu vergeuden.

C'est ce qu'un supérieur emportera sans doute par ses soins et par ses instructions, s'il représente à ses frères, comme un père ferait à ses enfants, les inconvénients de la parole, les utilités du silence; et par dessus tout, l'autorité des saintes Écritures, les sentiments et les exemples des saints. Car le moyen que des religieux puissent ne pas concevoir du respect pour le silence et n'être pas touchés du désir ardent de le garder, lorsqu'on leur dira que le Saint-Esprit condamne la parole d'une manière si terrible, qu'il nous enseigne dans l'Ecclésiastique, qu'un coup de fouet fait une meurtrissure, mais qu'un coup de langue brise les os[4]: *Flagelli plaga livorem facit, plaga autem linguae comminuet ossa.* Que plusieurs ont péri par l'épée, mais que le nombre est bien plus grand de ceux qui se sont perdus par la langue: *Multi ceciderunt in ore gladii sed non sic quasi qui interierunt per linguam suam*[5]. Qu'il faut mettre comme une haie d'épines à ses oreilles, pour ne pas entendre les méchants discours, et mettre des portes et des serrures à sa bouche: *Sepi aures tuas spinis et noli audire linguam nequam et ori tuo facito ostia et seras*[6]. Que le même Esprit nous apprend par la bouche de son apôtre, que la langue est un feu, qu'elle est un monde d'iniquité, qu'elle est pleine d'un venin mortel; qu'elle souille tout le cours de notre vie, et que nul homme ne peut la dompter[7]:

[4] Si 28, 21.22.28 / Der Schlag mit der Geißel bewirkt einen rotblauen Fleck, aber der Schlag mit der Zunge wird die Gebeine zerschmettern.
[5] Viele sind durch die Schärfe des Schwertes gefallen, aber nicht so viele, als durch die eigene Zunge umgekommen sind.
[6] Umhege deine Ohren mit Dornen, höre nicht auf eine böse Zunge und versieh deinen Mund mit Tor und Riegel.
[7] Jc 3, 6.8 / Jak 3, 6.8: Die Zunge ist ein Feuer, die ganze Welt der Ungerechtigkeit. Die Zunge ist unter unseren Gliedern der Teil, der den ganzen Leib befleckt und das Rad unseres Lebens in Flammen setzt. Kein Mensch kann die Zunge bezähmen, dieses ruhelose Übel, voll mit tödlichem Gift.

Zweifellos erreicht ein Oberer auf diese Weise durch seine Sorge und seine Anweisungen, dass er seinen Brüdern wie ein Vater seinen Kindern, die Nachteile des Redens, den Nutzen der Stille einsichtig macht; und über allem stehen die Autorität der heiligen Schriften, die Gesinnung und Beispiele der Heiligen. Denn ein normaler Ordensmann kann die Beachtung der Stille nicht ergreifen ohne vom glühenden Verlangen erfasst zu werden, es zu behalten, wenn man ihm sagt, dass der Heilige Geist das Reden so schrecklich verurteile, dass er uns im Buch Jesus Sirach lehrt, dass ein Peitschenhieb einen Wundfleck macht, ein Zungenschlag jedoch die Knochen bricht. *Flagelli plaga livorem facit, plaga autem linguae comminuet ossa.* Und dass viele durch das Schwert umgekommen sind, aber viel grösser die Zahl jener ist, die durch Reden verloren gingen: *Multi ceciderunt in ore gladii sed non sic quasi qui interierunt per linguam suam.* Dass man eine Dornhecke vor seine Ohren stellen soll, um die bösen Reden nicht zu hören und den Mund mit Tür und Schloss verschliessen soll. *Sepi aures tuas spinis et noli audire linguam nequam et ori tuo facito ostia et seras.* Dass der gleiche Geist uns durch den Mund seines Apostels lehrt, dass die Sprache ein Feuer ist, eine Welt voll Unrecht, voll tödlichen Giftes; dass sie den ganzen Lauf unseres Lebens verunreinigt und kein Mensch sie zähmen kann:

Lingua ignis est, universitas iniquitatis, maculat totus corpus, et inflammat rotam nativitatis nostra, linguam nullus hominum domare potest, inquietum malum, plena veneno mortifero.

Le moyen qu'ils n'aiment pas à se taire, quand on leur fera considérer que le Prophète nous dit que le silence et la tranquillité, qui en l'effet principal, entretient et cultive la piété[8]: *Erit opus justitiæ pax, et cultus justitiæ silentium;* que c'est à eux que s'adressent ces paroles[9]: *Sedebit solitarius et tacebit.* Qu'un solitaire doit demeurer dans le repos et dans le silence et que c'est dans le silence qu'il trouvera sa force[10]: *In silencio et in spe erit fortitudo vestra.* Et par dessus tout, que Jésus Christ déclare qu'on rendra compte à son jugement des paroles inutiles[11].

Cela suffit, mes frères, pour établir parmi les solitaires l'observation du silence et pour les convaincre de la nécessité qu'il y a de le garder. Car puisque les conseils de l 'Évangile leur sont devenus des préceptes, et qu'ils sont obligés, dans le dessein de Dieu, de tendre à la perfection, ils le sont aussitôt d'éviter tous les obstacles qui les en éloignent, et d'embrasser tout ce qui peut les y élever. Et comme on fait l'un et l'autre par le moyen du silence, ils ne sauraient ne le pas considérer comme un secours nécessaire et comme une obligation principale. C'est aussi dans cette divine source que les saints Pères ont puisé les sentiments et les maximes qu'ils nous ont exprimées dans leurs instructions et par leurs exemples.

[8] Is 32, 17 / Jes 32, 17: Das Werk der Gerechtigkeit wird Friede sein und die Einübung der Gerechtigkeit Stille.
[9] Lm 3, 28 / Klgl 3, 28: Er wird einsam sitzen und schweigen
[10] Is 30, 15 / Jes 30, 15: In Stille und Hoffnung wird eure Stärke sein.
[11] Mt 12, 36

Lingua ignis est, universitas iniquitatis, maculat totum corpus, et inflammat rotam nativitatis nostrae, linguam nullus hominum domare potest, inquietum malum, plena veneno mortifero.

Der Durchschnittsmensch schweigt nicht gerne, wenn man ihn bedenken lässt was der Prophet uns sagt, dass die Stille und das Schweigen als Hauptwirkung die Frömmigkeit kultivieren und pflegen. *Erit opus justitiæ pax et cultus justitiæ silentium;* dass sich an diese das Wort richtet: *Sedebit solitarius et tacebit.*. dass ein Einsiedler in Ruhe und Stille verweilen soll und dass er seine Kraft im Schweigen findet. *In silencio et in spe erit fortitudo vestra.* Und über allem, dass Jesus Christus sagt, dass wir uns vor seinem Gericht für alle unnütze Worten verantworten müssen.

Das reicht aus, meine Brüder, um unter den Einsiedlern die Beachtung des Schweigens einzuführen und sie von der Notwendigkeit zu überzeugen, sie einzuhalten. Denn, weil die evangelischen Räte ihnen Gebote geworden sind, und weil sie in Gottes Plan die Pflicht haben, nach Vollendung zu streben, sind sie auch verpflichtet, alle Hindernisse zu vermeiden, die sie davon entfernen und alles zu ergreifen, was sie dazu erheben kann. Und da man das eine wie das andere mittels der Stille erreicht, müssen sie dies als eine notwendige Hilfe und als eine Haupt-Pflicht ansehen. Das ist auch die göttliche Quelle, aus der die heiligen Väter die Gefühle und die Regeln geschöpft haben, die sie uns in ihren Instruktionen und durch ihre Beispiele mitgeteilt haben.

C'est ce qui obligea le saint abbé Nesteros de donner à Cassien[12], comme un avis nécessaire pour acquérir la perfection de son état, de s'imposer un silence éternel; d'avoir un soin particulier d'écouter et de retenir toutes les paroles et les instructions des Anciens; de tenir toujours son cœur ouvert et sa bouche fermée, et d'être plus exact et plus prompt à faire ce qu'il aura appris, que non pas à l'enseigner. Car en apprenant aux autres, dit ce saint solitaire, les vérités saintes, on s'expose à la vaine gloire; mais en les pratiquant dans le silence, on en tire le fruit d'une intelligence spirituelle. C'est pourquoi, ajoute-t-il, ne prenez jamais la liberté de parler, que pour demander l'éclaircissement d'une difficulté dont l'ignorance vous serait dangereuse, ou pour acquérir une connaissance qui vous serait nécessaire.

C'est ce qui faisait que saint Arsène[13] avait un si grand éloignement de toutes sortes d'entretiens, qu'à peine l'autorité et la présence de son évêque pouvait-elle arracher une parole de sa bouche. Et lorsqu'on lui en demandait la raison, il répondait qu'il ne lui était pas possible de converser tout ensemble avec Dieu et avec les hommes.

C'est encore ce qui tira cette réponse[14] si remarquable des lèvres du bienheureux Pambon, lequel étant repris de ce qu'il avait laissé des personnes qui l'étaient venu voir sans leur parler, il repartit: S'ils n'ont pas été édifiés de mon silence, ils ne l'auraient pas été de mes paroles.

Mais qui ne sera vivement touché de ce que nous lisons dans les saintes Histoires[15] du même saint, lequel n'ayant point d'étude et étant allé trouver

[12] Cass. Coll. 14 cap 9
[13] Vita Patris
[14] Vit.Patr. Pelag. Diacon.
[15] Socrate (PG): Hist. Eccl. Livre 4, chap. 18

Das brachte den hl. Abt Nesteros dazu, Kassian ewiges Schweigen aufzuerlegen, ein unerlässlicher Rat um die Vollkommenheit seines Standes zu erwerben; all die Worte und Weisungen der Alten mit besonderer Sorgfalt zu hören und zu bewahren; sein Herz immer offen und den Mund immer geschlossen zu halten, genauer und behender das Gelernte zu tun, wenn nicht gar es zu lehren. Denn wenn man andere die heiligen Wahrheiten lehrt, sagte dieser heilige Eremit, setzt man sich dem eitlen Ruhm aus; doch wenn man sie im Stillen praktiziert, erntet man die Früchte geistlicher Einsichten. Deshalb, sagt er, nehmt euch niemals die Freiheit zu reden heraus, ausser zur Klärung einer Schwierigkeit die euch sonst gefährlich werden könnte, oder um notwendiges Wissen zu erwerben.

Deshalb hielt sich der hl. Arsenius so weit fern von aller Art der Unterhaltung, dass selbst die Autorität und Gegenwart seines Bischofs kaum ein Wort aus seinem Munde hervorlocken konnte. Und als man ihn nach dem Grunde fragte, antwortete er, dass er nicht gleichzeitig mit Gott und den Menschen sprechen könne.

Ganz ähnlich ist es mit der bemerkenswerten Antwort aus dem Munde des seligen Pambo den man zur Rede stellte, weil er die Menschen die ihn besucht hatten, entliess ohne zu sprechen. Er sagte nämlich: „Wenn sie durch mein Schweigen nicht erbaut werden, werden sie es auch nicht durch meine Worte.“

Aber wer ist nicht tief berührt von dem was wir in den heiligen Geschichten über den gleichen Heiligen lesen: er hatte noch nicht studiert und ging,

quelqu'un de ses frères pour apprendre de lui l'intelligence de quelques psaumes, s'arrêta sur ce verset[16]: *Dixi custodiam vias meas ut non delinquam in lingua mea*, sans vouloir rien entendre davantage, disant qu'il lui suffisait qu'il le pût apprendre et le pratiquer.

Et depuis ce même frère lui ayant fait reproche de ce qu'il avait été longtemps sans venir le retrouver, il lui répondit qu'il n'avait pas encore acquis la pratique de ce verset qu'il lui avait appris.

C'est dans ce même esprit que saint Ambroise dit ces paroles[17]: Le Prophète gardait sa bouche, et vous ne gardez pas la vôtre. Si le Prophète, par la bouche duquel l'Esprit de Dieu se faisait entendre, craint de parler, quelle apparence que vous ne le craigniez pas, vous qui avez le mensonge dessus les lèvres? *Si hoc cavet Propheta, tu non caves? Si hoc metuit in quo gratia Dei loquebatur; tu non metuis qui erroris verba non refugis*?[18]

Saint Chrysostome est admirable quand il s'écrie[19]: Gardez le silence, mes frères, comme une forte muraille, car ce sera par son moyen que vous surmonterez les tentations, vous les combattrez d'en-haut et avec avantage et elles seront sous vos pieds. Gardez le silence dans la crainte de Dieu et vous ne recevrez aucune blessure des traits de vos ennemis. Le silence joint à la crainte de Dieu est une chariot de feu qui nous enlève dans le ciel. C'est ce que vous apprenez par le ravissement du prophète Élie. O silence qui êtes la perfection des solitaires, l'échelle du ciel, la voie du Royaume de Jésus Christ, la mère de la componction, le miroir des pécheurs!

[16] Ps 38, 1 – Einh.-Übers. 39,2 Ich sagte: ich will auf meine Wege achten, damit ich nicht sündige mit meiner Zunge…
[17] Ambroise: in Ps 38
[18] Wenn der Prophet dies in Acht nimmt, warum beachtest du es nicht? Wenn er sich fürchtet, darüber zu sprechen, worüber die Gnade Gottes sprach,, warum hast du keine Furcht zu sprechen, du, der du vor lügenhaften Worten nicht fliehst?
[19] Tome 7, livre 1 De bono Silentii, c.16

einen seiner Brüder zu finden, der ihm einige Psalmen auslegen könnte.Dann blieb er bei diesem Vers stehen: *Dixi custodiam vias meas ut non delinquam in lingua mea*, und wünschte von da an nichts Weiteres mehr zu hören, sondern sagte, dies zu lernen und umzusetzen genüge ihm.

Und als ihn derselbe Bruder später zur Rede stellte weil er schon lange nicht mehr zu ihm gekommen sei, antwortete er, er habe das noch nicht eingeübt, was er in diesem Vers von ihm gelernt habe.

In diesem gleichen Sinne sagt der hl. Ambrosius diese Worte: der Prophet schwieg, und ihr tut nicht desgleichen. Wenn der Prophet, durch dessen Mund der Geist Gottes zu hören war, sich fürchtet zu sprechen, wie kommt es, dass ihr es nicht fürchtet, ihr mit den Lügen auf den Lippen? *Si hoc cavet Propheta, tu non caves? Si hoc metuit un quo gratia Dei loquebatur; tu non metuis qui erroris verba non refugis?*

Der hl. Chrysostomos ist zu bewundern, wenn er ausruft: meine Brüder, bewahrt die Stille wie eine starke Mauer, denn mit ihrer Hilfe könnt ihr die Versuchungen überwinden, könnt Sie von oben herab und mit Vorteil bekämpfen und sie kommen unter Eure Füße. Halten die Stille in der Furcht des Herrn und ihr werdet durch die Züge euere Feinde nicht verletzt. Stille in Gottesfurcht ist ein Feuerwagen, der euch in den Himmel trägt. Das könnt ihr aus den Entrückungen des Propheten Elias lernen. O Stille, die Vollkommenheit der Einsiedler, die Himmelsleiter, der Weg zum Königreich Jesu Christi, die Mutter der Reue, der Spiegel der Sünder!

O silence qui faites couler nos larmes, qui produisez la douceur; qui êtes inséparable de l'humilité, qui éclairez les esprits, et qui faites le discernement de nos pensées! O silence qui êtes la source de tout bien, qui nous soutenez dans nos jeûnes, qui réprimez l'intempérance!

C'est vous qui nous apprenez la science des saints, et l'art divin de la prière; vous calmez nous pensées et vous nous servez d'un port assuré contre les tempêtes. O silence qui détruisez toutes nos inquiétudes, votre joug est doux et n'a rien qui ne soit aimable; il délasse et porte celui qui le porte et remplit nos âmes de consolations! O silence, vous réglez les mouvements de nos yeux et de nos langues; vous êtes la mort de la calomnie, l'ennemi de l'impudence, la mère du respect! Vous retenez nos passions; vous vous joignez à toutes les vertus; vous nous faites aimer la pauvreté; vous êtes le champ fécond de Jésus Christ, qui rapportez toutes sortes de fruits en abondance. O silence qui êtes joint à la crainte de Dieu, et qui servez de murs et de remparts à tous ceux qui veulent combattre pour le Royaume du Ciel! Acquérez, mes frères, ce bien que Marie[20] a choisi pour son partage; elle est le modèle du silence, elle se reposa aux pieds du Seigneur, et s'attacha uniquement à lui.

Saint Jean Climaque[21] avait les mêmes pensées, lorsqu'après avoir fait un dénombrement exact de toutes les qualités et les grâces qui naissent du silence ou qui l'accompagnent, il dit: „Que l'ami du silence s'approche de Dieu; qu'il entre d'une manière toute secrète et toute cachée dans sa familiarité sainte et qu'il est éclairé de divines lumières".

[20] Lc 10, 39 / Lk 10,39
[21] Grad 11. Art 5

O Stille, die unsere Tränen fließen lässt, die die Zartheit hervorbringt, die untrennbar die Demut begleitet, den Geist erleuchtet, die Einsicht in unsere Gedanken bringt! O Stille, die Quelle alles Guten, der uns in unserem Fasten stützt und die Unmäßigkeit unterdrückt!

Ihr lehrt uns die Wissenschaft der Heiligen und die göttliche Kunst des Gebetes, ihr beruhigt unsere Gedanken und ihr bietet uns einen sicheren Hafen gegen die Stürme. O Stille, die all unser Bedenken zerstört, dein Joch ist süß und überaus liebenswürdig; es erleichtert den Träger, trägt ihn und erfüllt unsere Seelen mit Trost! O Stille, gebiete du den Bewegungen unserer Augen und unserer Zungen; du bist der Tod der Verleumdung, der Feind der Unverschämtheit, die Mutter der Achtung! Du dämpfst unsere Leidenschaften und vereinst dich mit allen Tugenden; du lässt uns die Armut lieben; du bist der fruchtbare Acker Jesu Christi, der alle Art Früchte in Hülle und Fülle hervorbringt. O Stille, mit der Gottesfurcht vereint, du dienst als Mauer und Wall für alle, die für das himmlische Königreich kämpfen! Nehmt, meine Brüder, den Teil, den auch Maria für sich erwählt hat; sie ist das Vorbild der Stille, sie lag zu Jesu Füßen und klammerte sich an ihn allein.

Der hl. Johannes Klimakus hatte die gleichen Gedanken, als er eine genaue Aufzählung aller Werte und Gnaden anstellte, die aus der Stille kommen oder sie begleiten, und er sagte: „Der Freund der Stille nähert sich Gott, er tritt in einer ganz leisen und heimlichen Weise ein in die heilige Vertrautheit und erleuchtet sie mit göttlichem Licht.

Saint Benoît, qui avait toutes ces connaissances et ces vues, a été si rigide dans l'observation du silence, qu'il a défendu aux religieux d'ouvrir la bouche[22] à moins que d'être interrogés, et qu'une véritable nécessité ne les y oblige.

Il a ordonné que la liberté de parler, même des choses qui peuvent contribuer à l'édification[23], ne s'accorde que rarement aux religieux d'une vertu consommée, c'est-à-dire à ceux desquels on ne pouvait avoir ni crainte ni soupçon: *Quamvis de bonis et sanctis ædificationem eloquiis, perfectis discipulis propter taciturnitatis gravitatem, rara, loquendi concedatur licentia*[24]. Enfin, il a donné comme une règle constante à tous les moines, celle de garder dans tous les temps un rigoureux silence: *Omni tempore silentio debent studere monachi*[25].

Saint Pierre Damien dit[26] que c'est dans la fuite de la conversation des hommes et dans le silence que nous édifions en nous le temple du Saint-Esprit; et que comme, selon l'histoire sacrée, on bâtit le temple de Jérusalem sans qu'on entende aucun bruit dans la maison de Dieu, ni des marteaux ni des cognées, ni d'aucun autre instrument. Ainsi le Temple de Dieu se construit dans le silence, et que l'âme ne s'épanchant point par une effusion extérieure de paroles, s'élève comme au comble spirituel d'un édifice qu'elle s'y avance d'autant plus qu'elle se répand moins au-dehors, et qu'elle se resserre davantage dans les bornes du silence...

[22] RB 7 9e degré
[23] id. 6
[24] Mag es sich um noch so gute, heilige und aufbauende Gespräche handeln, vollkommenen Jüngern sollte wegen der Bedeutung der Schweigsamkeit nur selten das Reden erlaubt werden.
[25] ibid. 42 Zu jeder Zeit müssen sich die Mönche mit Eifer um das Schweigen bemühen.
[26] Lib 7 epist.ad Agnet.Imperatr. Ep.6

Der hl. Benedikt, der all dieses wusste und diese Ansichten kannte war so streng im Einhalten der Stille, dass er den Mönchen untersagte, den Mund zu öffnen[22], wenn sie nicht gefragt waren oder es keine wirkliche Notwendigkeit gab.

Er ordnete an, dass die Freiheit zu sprechen bei Ordensleuten sich nur selten mit vollendeter Tugend verträgt, selbst wenn es um Dinge der Erbauung geht, das heisst jene die weder Furcht noch Verdacht auslösen. *Quamvis de bonis et sanctis ædificationem eloquiis, perfectis discipulis propter taciturnitatis gravitatem, rara, loquendi concedatur licentia.* Schließlich gab er allen Mönchen die Grundregel, allezeit strenges Schweigen zu wahren. *Omni tempore silentio debent studere monachi.*

Der hl. Petrus Damian sagt, dass wir durch das Vermeiden des Gesprächs mit Menschen und im Schweigen in uns den Tempel des Heiligen Geistes erbauen, und wie man, nach der hl. Geschichte, den Tempel von Jerusalem baute ohne dass im Haus Gottes ein Ton zu hören war, weder Hämmer noch Beile noch irgend ein anderes Werkzeug. So wurde der Tempel Gottes in der Stille gebaut, ohne dass die Seele von einer äusseren Erguss aus Wörtern überströmt wurde, so kann sie sich zum geistlichen Gipfel der Erbauung erheben und macht umso mehr Fortschritte als sie sich nicht ausserhalb verbreitet und sich innerhalb der Grenzen des Schweigens einschliesst...

Il ajoute qu'un solitaire s'élève au-dessus de lui-même à mesure qu'il se tait; que l'esprit de l'homme étant renfermé dans les barrières d'un silence exact, est emporté dans le Ciel par la violence de son désir; que le feu du Saint-Esprit l'embrase et que semblable à une source vivante, il s'enfle et remonte, lorsqu'il ne peut s'écouler par les paroles, ainsi que par autant de ruisseaux.

Saint Bernard et tous ses frères observèrent un silence si profond que ceux qui ne comprenaient point ni la grandeur ni l'excellence de ce mystère, taxaient cette conduite si religieuse de stupidité. „Je pense", dit ce grand saint[27] en parlant à saint Pierre de Cluny, „qu'il ne vous arrivera plus de me reprocher mon silence et de le nommer à votre ordinaire une stupidité. Isaïe lui donne un nom qui lui est bien plus propre et qui lui convient bien davantage, lorsqu'il l'appelle le conservateur de la justice[28]. J'ai fui le monde et je m'en suis éloigné, dit ailleurs le même saint[29] et j'ai choisi le fond des déserts pour ma retraite[30]. Je me suis résolu avec le prophète d'observer toutes mes voies, de crainte que ma langue ne me fasse tomber dans le péché parce que, selon le même prophète, l'homme qui aime à parler beaucoup ne durera pas longtemps sur la terre[31]. Et dans un autre endroit de l'Écriture: La mort et la vie sont au pouvoir de la langue[32]. Le prophète Jérémie nous apprend que c'est un grand bien d'attendre notre salut de Dieu dans le silence[33].

[27] Ep 228
[28] Is 32, 17 (Vulgata)
[29] Ep 89
[30] Ps 54, 8 / Ps 38, 2
[31] Ps 139, 12
[32] Pr 18, 21 – Tod und Leben stehen in der Macht der Zunge, wer sie liebevoll gebraucht, genießt ihre Frucht
[33] Lam 3, 26 – Klgl 3,26 Gut ist es, schweigend zu harren auf die Hilfe des Herrn

Er fügte hinzu, dass ein Einsiedler über sich selbst hinauswächst in dem Masse, wie er schweigt; wenn der Geist des Menschen in den Schranken des strikten Schweigens begrenzt ist wird er durch die Wucht seines Verlangens zum Himmel empor getragen; das Feuer des Heiligen Geistes entzündet ihn und wie eine lebendige Quelle schwillt es und steigt an, weil es nicht durch Worte wie in Bächen zerrinnt.

Der hl. Bernhard und all seine Brüder beobachteten eine so tiefe Stille, dass jene, die weder die Größe noch die herausragende Qualität dieses Geheimnisses erfassten, dieses so religiöse Verhalten als Dummheit deuteten. „Ich denke“, sagt dieser große Heilige im Gespräch mit dem hl. Peter von Cluny, „dass es euch wohl nicht mehr in den Sinn kommen wird, mir mein Schweigen vorzuwerfen, und es wie gewöhnlich als Dummheit zu bezeichnen. Jesajas nennt es viel treffender und passender, wenn er es als den Bewahrer der Gerechtigkeit bezeichnet. Ich bin die Welt geflohen und habe mich davon entfernt, sagt derselbe Heilige anderswo und ich habe mich in die Tiefe der Wüste zurück gezogen. Wie der Prophet habe ich beschlossen, all meine Wege zu beobachten, aus Furcht, dass meine Sprache mich nicht in Sünde fallen lässt, weil nach demselben Propheten der Mensch, der gern viel redet, nicht lange auf Erden bleibt. Und an anderer Stelle der Schrift: Über Tod und Leben entscheidet die Zunge. Der Prophet Jeremias lehrt uns, dass es ein großes Gut ist, unser Heil von Gott in der Stille zu erwarten.

C'est donc à ce silence qui produit, qui cultive et qui conserve les vertus, que je vous appelle et vous invite; non seulement vous, mais tous ceux qui vous ressemblent et qui veulent s'avancer dans le chemin de la vertu.

Les religieux qui étaient formés de la main de ce grand saint et remplis de son esprit, eurent tant de zèle pour cette régularité si sainte, et la jugèrent tellement importante, qu'ils instituèrent des signes afin de pouvoir exprimer les choses nécessaires et de s'interdire entièrement la parole.

Cette pratique du silence sanctifia ce grand Ordre; celui des Chartreux l'embrassa à son exemple. Ils obligèrent leur convers de l'observer avec une exactitude rigoureuse[34] et depuis, ils ont gardé l'obligation du silence comme celle de la solitude.

Quoiqu'il soit malaisé que toutes ces vérités ne touchent et ne convainquent pas, et qu'un supérieur qui s'applique à les représenter à ses frères ne les persuade enfin de la nécessité qu'il y a de les mettre en pratique; cependant ce ne serait point assez s'il n'avait un soin particulier de leur aplanir les chemins, de leur rendre les voies aisées, et d'éloigner tout ce qui leur pourrait causer des tentations, et leur en rendre l'exécution difficile. Le premier pas qu'il doit faire pour cela est de ne point permettre qu'ils aient la moindre communication avec aucun de leurs amis et de leurs proches, de leur ôter toute connaissance de ce qui se passe dans le monde; de faire en sorte que jamais les nouvelles ni de l'État ni de l'Église, ni même de leurs propres Congrégations,

[34] Guig. Stat. Ord. Cart. Edit. Bas. an. 1550

Es ist also diese Stille, die die Tugenden hervorbringt, pflegt und bewahrt, zu denen ich euch aufrufe und einlade; und nicht nur euch, sondern all jene, die euch ähnlich sind und auf dem Weg der Tugend voranschreiten wollen.

Die Mönche, die die Hand dieses großen Heiligen gebildet und mit seinem Geist gefüllt hat, zeigten so viel Eifer für diese heilige Regel, und hielten sie für so wichtig, dass sie Zeichen einführten, um die notwendigen Dinge auszudrücken und enthielten sich aller Reden.

Diese Praxis der Stille heiligte diesen großen Orden; und der von Chartreux folgte diesem Beispiel. Sie verpflichteten ihre Laienbrüder, sie strikt und genau zu beobachten, und seit je hielten sie sich an die Pflicht, Stille wie Einsamkeit zu beachten.

Obwohl es schwierig ist, dass all diese Wahrheiten uns nicht berühren und überzeugen, und dass ein Oberer, der sich einsetzt um sie seinen Brüdern darzustellen, sie nicht schließlich von der Notwendigkeit überzeugt, sie zu praktizieren, wäre das jedoch nicht ausreichend, wenn er nicht eine besondere Sorge tragen würde, ihnen die Wege zu ebnen, ihnen leichte Pfade zu zeigen und alles aus dem Weg zu räumen, was sie in Versuchungen führen und ihnen das Einhalten erschweren könnte. Der erste Schritt, den er dazu tun muss, ist ihnen mit keinem ihrer Freunden und Angehörigen den geringsten Austausch zu erlauben, ihnen jede Kenntnis von Ereignissen in der Welt vorzuenthalten, derart dass zu ihnen niemals Nachrichten aus dem Staat, aus der Kirche, ja sogar aus ihrer eigenen Kongregationen dringen;

ne viennent jusqu'à eux; et qu'ils se contentent de prier en général pour les nécessités publiques sans les connaître en particulier, n'étant pas possible que dans la diversité des événements, il ne s'en rencontre quelqu'un qui frappe les esprits, qui les échauffe et qui excite des désirs, des envies et d'autres passions qui ne sont qu'assoupies et non pas entièrement éteintes.

Secondement, il faut disposer les choses de sorte que les frères soient incessamment occupés, que leurs journées soient pleines, qu'il ne s'y rencontre aucun vide, que la diversité des exercices les soulage, qu'ils passent du chant des psaumes à la lecture, du travail à la prière et que tout soit tellement ordonné qu'il n'y ait rien qui donne du dégoût par sa longueur et par sa continuité. Il faut aussi que toutes les observances se fassent en commun, selon le véritable Institut des cénobites[35]; qu'ils lisent et qu'ils travaillent ensemble, afin que si les conversations leur soient défendues, ils se soutiennent au moins et se consolent les uns les autres, par la vue et par la présence.

Troisièmement, il est nécessaire que les frères aient quelquefois des conférences; mais il faut qu'elles soient publiques qu'on les regarde comme des actions régulières, non pas comme des divertissements et des récréations, et qu'elles soient saintes et rares. Il faut qu'elles soient saintes dans la manière et dans les sujets car, sans cela, elles causeraient plus de dommage que d'utilité.

Et comme toute leur fin doit être d'encourager, d'inspirer le zèle et la ferveur, de dissiper les nuages et les langueurs qui peuvent quelquefois se former dans une grande retraite,

und dass sie sich darauf beschränken, ganz allgemein für die öffentlichen Bedürfnisse zu beten, ohne sie im Einzelnen zu kennen, weil dies bei der Vielfalt der Ereignisse nicht möglich ist, ohne dass man auf eines trifft, das den Geist aufschreckt, das sie erhitzt, und ein Verlangen, Begehren und andere Leidenschaften entzündet, die nur eingeschlafen und nicht völlig gelöscht sind.

Zweitens muß man die Dinge so verfügen, dass die Brüder ständig beschäftigt und ihre Tage angefüllt sind, dass dort keine Leere aufkommt, dass die Vielfalt der Übungen sie erleichtert, dass sie vom Psalmgesang zur Lektüre, von der Arbeit zum Gebet übergehen, und dass alles so angeordnet wird, dass nicht Länge und Gleichförmigkeit zur Abneigung führen. Auch müssen alle Observanzen nach dem echten Institut der Zönobiten erfolgen; sie lesen und arbeiten gemeinsam, damit sie sich helfen und wenigstens gegenseitig durch Sicht und Anwesenheit stärken, da ihnen Unterhaltungen nicht gestattet sind.

Drittens ist es notwendig, dass die Mitbrüder manchmal miteinander reden. Aber solche Gespräche sind öffentlich und als regeltreues Tun zu führen, nicht als erholsames Unterhalten. Sie sollen heilig sein und nur selten stattfinden. Makellos in Art und Weise wie auch in den Themen müssen sie sein, denn sonst würden sie mehr schaden als nützen.

Ihr ganzer Zweck besteht darin, Mut und glühenden Eifer zu entfachen und Wolken des Trübsinns zu zerstreuen, die sich in der Abgeschiedenheit des Klosterlebens ja manchmal bilden können.

[35] Regle pour la vie commune - Regelwerk für das gemeinsame Ordensleben in Klöstern

il faut que les matières en soient affectives, qu'elles soient prises de ce que l'on trouve de plus vif, de plus touchant et de plus animé dans la lecture des saints Pères. Il faut aussi que les manières de s'expliquer soient modestes et simples, éloignées de toute affectation et de toute recherche de soi-même; en sorte que les moins habiles puissent sans embarras et sans crainte parler devant ceux qui le sont davantage, et qu'une même simplicité serve comme d'un voile pour cacher l'érudition aussi bien que l'ignorance.

Et surtout, on n'y doit jamais traiter des points de doctrine, de questions curieuses, ni de difficultés de théologie, rien n'étant plus capable de causer l'élèvement, d'altérer les cœurs, de faire naître de contestations, que de semblables entretiens. Il faut aussi que ces conférences soient rares car si elles étaient trop fréquentes, outre que cela ne conviendrait pas au silence exact dont on fait profession, cette abondance de vérités et de grandes maximes ne manquerait pas d'épuiser les esprits, de leur donner du dégoût et de les rendre enfin insensibles aux choses qu'ils doivent toujours entendre avec autant de plaisir et d'avidité que si elles leur étaient toutes nouvelles. Il faut par-dessus tout que le supérieur les anime de sa parole, qu'il les soutienne, et qu'il ait de l'application à faire valoir toutes les pensées de ses frères, et qu'en leur laissant une liberté exempte de contraintes, il prenne garde qu'il ne leur échappe rien qui ne soit digne de personnes qui ne se voient que pour se sanctifier, et qui savent que Jésus Christ ne manque jamais, selon sa promesse[36], de se trouver au-milieu de ceux qui s'assemblent en son nom.

[36] Mt 18, 20

So sollten ihre Inhalte das Gemüt bewegen und aus dem Lebendigstem, Bewegendstem und Anregendstem entnommen sein was man bei der Lektüre der hl. Gründerväter findet. Der sprachliche Ausdruck soll bescheiden und einfach sein, frei von Geziertheit und Selbstdarstellung, so dass auch die weniger Redebegabten ohne Aufregung und Furcht mit denen reden, die sich gekonnter ausdrücken können. Das beiderseitige Streben nach Schlichtheit im Ausdruck soll gleichsam als Schleier dienen, um hohe Bildung und Unwissenheit zu verbergen.

Vor allem aber dürfen keine Lehrsätze, keine bizarren Fragestellungen und auch keine theologischen Probleme behandelt werden, nichts was nicht erhebt, nichts was die Herzen verdunkelt, Anfechtungen entstehen lässt, und ähnliche Unterhaltungen. Solche Gespräche sollen auch selten sein. Fänden sie zu häufig statt, ganz zu schweigen davon, dass sie dem rechten Schweigen, welches wir gelobt haben, nicht entsprächen, würden die Überfülle an Wahrheiten und großartigen Lehrsätzen den Geist letztendlich zur Erschöpfung bringen, ihn mit Abscheu erfüllen und ihn am Ende unempfänglich machen für die Dinge, die er ständig mit so viel freudiger Begierde wahrnehmen soll, als seien sie jeweils neu für ihn. Vor allem muß der Abt ihn mit seinem Wort lebendig erhalten, ihn stützen und allen Gedanken seiner Mitbrüder Geltung verschaffen. Indem er ihnen eine Freiheit - von Zwängen frei - gewährt, hat er dafür zu sorgen, dass sie nicht Dinge äussern, die Personen unwürdig sind, welche nur auf ihre Heiligung bedacht sind und wissen, dass Jesus Christus, wie er versprochen hat, immer mitten unter denen ist, die sich in Seinem Namen versammeln.

Enfin, mes frères, il est si avantageux de se taire, et si dangereux de parler, je dis même des choses qui vont à l'édification et qui peuvent contribuer au salut, que les saints ont gémi de se voir obligés de parler pour l'instruction de ceux que l'ordre de Dieu avait mis sous leur conduite. Ils ont désiré avec ardeur d'être délivrés d'une nécessité si fâcheuse afin d'avoir plus de facilité pour se retirer en eux-mêmes et s'entretenir avec Dieu dans le silence, aimant beaucoup mieux parler à Dieu des misères de leurs frères, que non pas de parler à leurs frères des miséricordes de Dieu.

Quel doit être le serviteur de Dieu, dit saint Augustin, il doit beaucoup plus désirer d'entendre les autres, que de les instruire. Il faut que son inclination le porte à garder le silence et que la nécessité toute seule l'oblige à le rompre. *Gaudium taciturnitatis habeat in voluntate, vocem doctrinæ in necessitate*[37]. Je vous assure, mes frères, continue le même saint, nous vous parlons maintenant pour vous donner quelque connaissance et quelque lumière; plût à Dieu que nous sachions tous ce que nous devons savoir afin que l'un ne soit pas dans l'obligation d'enseigner et l'autre d'apprendre. Dites-moi, je vous prie, pourquoi aimez-vous si fort à parler et si peu à vous taire? Vous sortez incessamment hors de vous-mêmes et vous ne pouvez-vous résoudre à y rentrer. *Quare vis loqui, audire non vis? Semper foras exis, intro redire detrectas*? [38]

[37] Freude habe er am freiwilligen Schweigen, er erhebe die Stimme zum Lehren, wenn es nötig ist.
[38] Warum willst du sprechen und willst nicht hören? Warum gehst du immer nach draußen, und lehnst es ab, in dein Inneres zurückzukehren?

Schließlich, meine Brüder, ist es so vorteilhaft zu schweigen und so gefährlich zu reden, und zwar meine ich sogar über Dinge, die der Erbauung dienen und zum Heil beitragen können, dass die Heiligen seufzten wenn sie gezwungen waren, jene zu belehren, die Gottes Befehl unter ihre Leitung gestellt hatte. Sie wünschten mit Feuereifer, von dieser so ärgerlichen Pflicht befreit zu sein, um mehr Möglichkeiten zu haben, sich auf sich selbst zurückzuziehen und mit Gott in der Stille zu reden. Sie wollten lieber mit Gott über das Elend der Brüder sprechen, als mit ihren Brüdern über die Barmherzigkeiten Gottes.

Wie soll der Diener Gottes beschaffen sein, sagt der hl. Augustinus, er soll viel eher anderen zuhören wollen, als sie zu belehren. Seine Neigung muß ihn dazu führen, die Stille zu halten, und dass nur Notwendigkeiten ihn zwingen, sie zu brechen. *Gaudium taciturnitatis habeat in voluntate, vocem doctrinæ in necessitate.* Ich versichere euch, meine Brüder, fährt der Heilige fort, wir wollen euch jetzt eine gewisse Kenntnis und Erleuchtung geben; Gott gefiele es, dass wir alles wüssten, was wir kennen müssen, damit nicht einer lehren und die anderen lernen müssten. Sagt mir bitte, warum wollt ihr so gerne reden und so wenig schweigen? Ihr geht ständig aus euch heraus und könnt euch nicht entschliessen dahin zurückzukehren. *Quare vis loqui, audire non vis? Semper foras exis, intro redire detrectas*?

C'est chose excellente, dit saint Grégoire de Nazianze[39], de parler de Dieu; mais c'en est une qui l'est beaucoup davantage, de se purifier devant Dieu dans le silence. C'est un grand don de Dieu de pouvoir toujours demeurer dans le silence, et de n'être point contraint par aucune nécessité d'en sortir.

En voilà assez, mes frères, pour vous affermir dans le respect et dans l'amour que je suis assuré que vous avez pour le silence. Soyez persuadés que la solitude n'est rien, et qu'il ne peut y avoir ni de piété solide, ni de régularité véritable dans les monastères sans le silence; que c'est inutilement que vous fermerez la porte de vos cloîtres si vous laissez vos bouches ouvertes, et que sans cette pratique si sainte, vous ne serez pas avec moins de danger parmi vos frères que si vous étiez parmi les gens du monde.

Je souhaite donc, mes frères, comme dit saint Pierre de Damien[40]: „Que le temple du Saint-Esprit s'élève toujours en vous de plus en plus, et que les vertus spirituelles comme autant de pierres célestes, y forment et y composent par le moyen du silence un saint édifice dans lequel ce divin Époux que vous aimez de toute la tendresse de vos cœurs, se puisse reposer avec plaisir comme dans son lit nuptial“, *Templum ergo tui pectoris nunc per silentium crescat, virtutum spiritualium tanquam cœlestium lapidum in te structura consurgat: ubi supernus ille sponsus quem totis visceribus diligis, velut in thalamo suo delectabiliter requiescat.*[41]

[39] Or 26
[40] Lib 7 epist.ad Agnet.Imperatr. Ep.6 (cf.note 20)
[41] Möge also der Tempel deiner Brust wachsen durch Schweigen und möge sich ein Gebäude von geistlichen Tugenden gleichwie von himmlischen Steinen in dir erheben, wo dieser himmlische Bräutigam, den du mit Herz und Seele liebst, sich genussvoll wie auf seinem Ehebett ausruhen möge.

Es ist hervorragend, sagt der hl. Gregor von Nazianz, über Gott zu sprechen; aber noch viel besser ist es, sich vor Gott in der Stille zu reinigen. Es ist ein großes Gottesgeschenk, immer in der Stille bleiben zu können und durch keine Notwendigkeit gezwungen zu sein, sie zu verlassen.

So ist es genug, meine Brüder, euch in der Achtung und in der Liebe zu stärken, die ihr sicher für das Schweigen habt. Seid überzeugt, dass die Einsamkeit nichts ist und dass man dort keine echte Frömmigkeit haben kann, noch in den Klöstern eine echte Regeltreue, ohne die Stille; dass es nutzlos ist, eure Klosterpforten zu schließen, wenn ihr die Münder offen lasst, und ohne diese so heilige Übung seid ihr unter euren Brüdern nicht weniger Gefahren ausgesetzt als unter den Leuten der Welt.

Ich wünsche also, meine Brüder, wie der hl. Petrus Damiani sagt: „Dass der Tempel des Heiligen Geistes sich in euch immer mehr erhebt, und dass sich mittels der Stille die geistlichen Tugenden als genauso viele himmlische Steine dort bilden und zusammensetzen zu einem heiligen Gebäude, in dem dieser göttliche Bräutigam, den ihr mit der ganzen Zärtlichkeit eurer Herzen liebt, mit Lust wie in seinem Ehebett ausruhen kann „*Templum ergo tui pectoris nunc per silentium crescat, virtutum spiritualium tanquam cælestium lapidum in te structura consurgat: ubi supernus ille sponsus quem totis visceribus diligis, velut in thalamo suo delectabiliter requiescat.*

Question IV

Faut-il donc croire que s. Benoît et s. Bernard aient enseigné que l'observation du silence doit être si rigoureuse?

Réponse

Le sentiment de saint Benoît aussi bien que celui de saint Bernard est si évident, et il est si aisé de remarquer combien l'un et l'autre ont estimé que l'observation du silence devait être rigoureuse, qu'il y a lieu de s'étonner qu'on forme des difficultés sur une chose si claire et si constante.

Je vous dirai donc, mes frères, pour finir entièrement cette question et vous ôter jusqu'aux moindres nuages, que saint Benoît dans le chapitre 42 de sa Règle, ordonne que les religieux garderont le silence en tout temps; et dans le chapitre 6, il veut qu'on ne permette aux religieux, même d'une vertu parfaite et d'une religion achevée, de parler des choses saintes et d'édification que rarement, comme nous venons de le dire. Peut-on s'expliquer d'une manière plus précise et douter de la pensée d'un homme qui parle si positivement?

On oppose à cela comme une objection considérable des paroles du chapitre 48: *Neque frater ad fratrem jungatur, horis incompetentibus.*[42] D'où l'on veut inférer que s'il est défendu aux frères de se joindre aux heures indues, il leur est permis de se joindre dans les autres, et de parler. Mais en un mot, la pensée de saint Benoît est bien éloignée de celle-là.

[42] Überhaupt soll ein Bruder sich nicht mit einem anderen Bruder außerhalb der vorgesehenen Stunden zusammentun.

Frage IV

Muß man also glauben, dass der hl. Benedikt und der hl. Bernhard gelehrt haben, dass die Beobachtung der Stille so streng sein muss?

Antwort

Das Empfinden des hl. Benedikt ebenso wie das des hl. Bernhard ist so offensichtlich und so leicht zu erkennen, wie sehr der eine und der andere glaubten, dass die Stille streng eingehalten werden muss, dass man sich wundern muss, wenn jemand Schwierigkeiten bei einem so klaren und so gefestigten Thema äussert.

Ich sage euch also, meine Brüder, um diese Frage abzuschliessen und euch auch die geringste Unklarheit zu nehmen, dass der hl. Benedikt in Kapitel 42 seiner Regel den Ordensleuten befiehlt, das Schweigen allezeit einzuhalten; und in Kapitel 6 will er, dass man selbst den Ordensleuten mit vollkommener Tugend und vollendeter Religiosität sogar nur ganz selten gestattet, von heiligen Dingen und der Erbauung zu sprechen, wie wir es eben gesagt haben. Kann man sich präziser erklären und am Gedanken eines Mannes zweifeln, der sich so unmissverständlich ausdrückt?

Man setzt dem als ernstzunehmenden Einwand die Worte aus Kapitel 48 entgegen: *Neque frater ad fratrem jungatur, horis incompetentibus.* Woher will man schließen, dass, wenn es den Brüdern verwehrt ist, sich zu unpassenden Stunden zusammen zu finden und zu sprechen, dass ihnen dieses zu anderen Zeiten erlaubt sei? Aber in einem Wort: der Gedanke des hl. Benedikt ist fern davon.

Son dessein a été de défendre qu'aucun des frères ne se joigne et ne se trouve avec un autre aux heures indues, c'est-à-dire dans le temps de l'office divin, pendant la méridienne, entre les Matines et Prime, et après Complies, pour se rendre de ces secours, de ces assistances et de ces offices qu'ils peuvent se rendre en d'autres temps, et particulièrement quand il étaient à des exercices et des travaux communs, desquels ils s'acquittent toujours dans un extrême silence. C'est ce qui sera facilement cru de ceux qui savent que les anciens moines avaient des signes pour s'exprimer dans les choses nécessaires; que l'on conserve encore aujourd'hui ceux desquels se sont servis les premiers religieux de Cîteaux, et que leurs convers qui travaillaient incessamment ensemble et qui en mille rencontres avaient des sujets et des besoins de parler, ne rompaient jamais le silence. Si le mot de *jungere* voulait dire parler, ou que les frères ne fussent jamais ensemble qu'ils ne parlent, on aurait raison d'en tirer la conséquence que l'on en veut inférer.

Mais il n'est pas possible qu'il y ait un seul homme informé de la conversation des moines qui ont gardé exactement la Règle de saint Benoît, qui puisse avoir un tel sentiment.

Secondement, quand même on pourrait interpréter ce mot de *jungere* comme on le prétend, c'est-à-dire se trouver ensemble pour parler, on doit croire que la pensée de saint Benoît aurait été d'interdire aux religieux, qui par la raison de leurs charges, avaient droit de parler, comme le Prieur, le Sous-Prieur, les Doyens dans les monastères nombreux, le Maître des Novices, le Cellérier, d'user en ces mêmes temps de leur pouvoir, et de les obliger comme les autres à garder le silence.

Seine Absicht war zu untersagen, dass ein Bruder sich mit einem anderen zu unpassender Stunde zusammen tut, das heißt in der Zeit des göttlichen Offiziums, während der Mittagsruhe, zwischen Matin und Prim und nach der Komplet, um diesem Hilfe, Unterstützung und Dienste zu gewähren, die sie zu anderer Zeit bieten können, und besonders, wenn es sich um Übungen und gemeinsame Arbeiten handelt, die sie immer in äusserster Stille erledigen müssen. Dies wird leicht von jenen geglaubt, die wissen, dass die damaligen Mönche Zeichen für die notwendigen Mitteilungen hatten; die man auch heute noch pflegt, deren die ersten Mönche von Cîteaux sich bedienten, und ihre Konversbrüder die ständig zusammen arbeiteten und in tausend Zusammenkünften Themen und Bedürfnisse zu besprechen hatten, aber nie das Schweigen brachen. Wenn das Wort „jungere“ bedeutete „zu sprechen“, könnte man mit Recht daraus folgern und darauf schließen, dass die Brüder nie zusammen waren, um zu sprechen,.

Aber niemand könnte so etwas denken, der etwas von der Unterhaltung der Mönche wüsste, die die Regel des hl. Benedikt genau beachtet haben.

Zweitens, obwohl dieses Wort „jungere“, wie man vorgibt, bedeuten könnte, sich zum Gespräch zusammen zu finden, muß man glauben, dass der Gedanke des hl. Benedikt darin bestand, auch denjenigen Ordensleuten, die aufgrund ihrer Pflichten berechtigt waren zu reden, wie der Prior, der Unter-Prior, die Rangältesten in den stark besetzten Klöstern, der Novizenmeister, der Cellerar, den Gebrauch ihrer Rechte zu untersagen, sondern sie wie die anderen zum Schweigen anzuhalten.

On se sert encore d'un autre endroit de la Règle, chapitre 42: *Exeuntes a Completorio nulla sit licentia denuo cuiquam loqui aliquid; quod si inventus fuerit quisquam prævaricari hanc taciturnitatis regulam, graviori vindictæ subjaceat.*[43] Depuis que l'on sera sorti de Complies que personne n'ait la hardiesse de parler de quoi que ce soit; et s'il se trouve quelqu'un qui viole cette règle, qu'il soit châtié d'une punition rigoureuse. Si ce n'est qu'on soit obligé de parler aux hôtes qui pourraient être dans le monastère, ou que l'Abbé ait quelque ordre à donner. On prétend conclure de cette défense qu'il était permis de parler à d'autres heures. Ce n'est pas là cependant l'intention de saint Benoît. Car il commande, ainsi que nous l'avons montré, le silence en tout temps, mais il l'ordonne d'une manière si expresse après Complies, qu'on ne peut le rompre sans commettre une espèce de crime, hors le cas que nous venons d'exprimer.

Et la raison de cette différence est que les entretiens en les communications nocturnes entre les moines sont toujours scandaleuses, non seulement par elles-mêmes, mais à cause des conséquences et des suites. Pour ce qui est de saint Bernard c'est sans fondement que l'on se figure qu'il n'a pas porté si loin l'obligation du silence. Et afin de vous le faire voir, vous remarquerez, mes frères, que dans le sermon 29 sur le Cantique, il exhorte ses religieux à conserver entre eux une charité si parfaite, qu'elle ne soit jamais blessée par aucune action, par aucune parole, ni par aucun signe...

[43] Wenn sie aus der Komplet kommen, gebe es für keinen mehr die Erlaubnis, irgend etwas zu reden; wenn sich jemand findet, der diese Regel des Schweigens übertritt, soll ihm eine schwerere Strafe auferlegt werden.

Man kann noch eine andere Stelle der Regel heranziehen, Kapitel 42: *Exeuntes a Completorio nulla sit licentia denuo cuiquam loqui aliquid; quod si inventus fuerit quisquam prævaricari hanc taciturnitatis regulam, graviori vindictæ subjaceat.*

Wenn man aus der Komplet gekommen ist, soll niemand die Kühnheit besitzen, über irgendetwas zu sprechen; und wenn sich jemand findet, der diese Regel verletzt, soll er mit einer strengen Strafe belegt werden. Es sei denn, man muß mit Gästen sprechen, die sich im Kloster befinden, oder dass der Abt es angeordnet habe. Man meint aus diesem Verbot zu folgern, dass es zu anderen Zeiten erlaubt war, zu sprechen. Das ist jedoch nicht die Absicht des hl. Benedikt. Denn er befiehlt, wie wir gezeigt haben, das dauernde Schweigen und nach der Komplet so nachdrücklich, dass man es nicht missachten kann, ohne eine Art Verbrechen zu begehen, außer in den eben geschilderten Fällen.

Der Grund für diese Unterscheidung ist, dass die Gespräche bei der nächtlichen Unterhaltung zwischen den Mönchen nicht nur durch sich selbst, sondern wegen der näheren und weiteren Folgen immer skandalös sind. Was den hl. Bernhard betrifft, ist es unbegründet, anzunehmen, dass er die Schweigepflicht nicht so ernst genommen habe. Und um euch dies zu zeigen meine Brüder, werdet ihr bemerken, dass er in Predigt 29 über das Hohe Lied seine Mönche ermahnt, eine so vollkommene Barmherzigkeit untereinander zu üben, dass sie durch keine Aktion, kein Wort, noch Zeichen jemals verletzt werde…

Il dit que les hommes se portent beaucoup plus aisément à soupçonner le mal qu'à croire le bien et particulièrement dans les lieux où la loi du silence est si exacte, qu'elle ne permet pas à celui qui a pu offenser son frère de s'excuser, ni à l'autre qui a conçu le soupçon, de le déclarer: *Præsertim ubi disciplina silentii, nec te, qui in causa est excusare permittit, nec illum, vulnus suspicionis aperire quod patitur, ut curetur.* [44] Cependant, dit-il, ce frère qui se croit offensé et comme brûlé par l'excès de sa douleur, il renferme dans son cœur une blessure mortelle, il gémit au-dedans de lui-même, il est tout plein de colère et d'agitation, et ne peut penser autre chose dans son silence sinon à l'injure qu'il a reçue. Il ne saurait ni prier ni lire, ni méditer; ainsi cet esprit qui donne la vie, n'ayant plus en lui ni action ni mouvement, il faut que cette âme, pour laquelle Jésus Christ et mort se trouvant destituée des aliments qui lui sont nécessaires, périsse. Celui qui a été assez malheureux pour faire l'injure, n'est pas en meilleur état par le trouble intérieur qu'il ressent et par le remords de sa conscience, *ita uritur ille, et moritur, clausa et lætali vulnere, intra semetipsum gemens... non potest orare, non potest legere, non sanctum aliquid aut spirituale meditari, et ita intercepto vitali spiritu, dum suis destituta alimentis vadit ad mortem anima pro qua Christus mortuus est.*[45] Si jamais il y a eu une raison de permettre à un religieux de rompre le silence, c'est assurément celle de le tirer de cette disposition si fâcheuse, dans laquelle saint Bernard nous exprime qu'il se rencontre, puisque par une parole il peut se délivrer d'un

[44] ...besonders, wenn die Anordnung des Schweigens es weder zulässt, dass du, der du die Ursache bist, dich entschuldigst, noch dass jener die Wunde des Verdachtes, an der er leidet, aufschneidet, um geheilt zu werden.

[45] So verzehrt sich jener und stirbt an der verborgenen, tödllchen Wunde, in sich selbst seufzend,...er kann nicht beten, er kann nicht lesen, über etwas Heiliges oder Geistliches kann er nicht nachsinnen. Und so ist ihm der Lebenshauch genommen, während seine Seele, für die Christus gestorben ist, ihrer Nahrung beraubt, auf den Tod zugeht.

état qui lui cause la mort, et donner moyen à son frère de sortir d'une situation,

Er sagt, dass die Menschen sich viel leichter tun, das Böse anzunehmen als das Gute, und besonders dort, wo das Gesetz der Stille so streng ist, dass es jenem nicht erlaubt, sich zu entschuldigen, der seinen Bruder beleidigt hat, noch dem anderen, der einen Verdacht gefasst hat, diesen zu äussern: *Præsertim ubi disciplina silentii, nec te, qui in causa est excusare permittit, nec illum, vulnus suspicionis aperire quod patitur, ut curetur.* Doch, sagt er, der Bruder, der sich beleidigt und wie verbrannt durch die Glut seines Schmerzes fühlt, fühlt in seinem Herzen eine tödliche Verletzung, er ächzt im Inneren, ist ganz voll Zorn und Erregung, und kann in seiner Stille nichts anderes denken, als an die erlittene Beleidigung. Er könnte weder beten noch lesen, noch meditieren; so kann der Geist, der das Leben gibt, in ihm nichts bewirken noch bewegen, diese Seele, für die Jesus Christ gestorben ist und die ohne die nötige Nahrung ist, muß umkommen. Jener, der Pech genug hatte, die Beleidigung zu begehen, ist nicht besser daran, durch seine innere Verwirrung, die er fühlt und seine Gewissensbisse, *ita uritur ille, et moritur, clausa et lætali vulnere, intra semetipsum gemens... non potest orare, non potest legere, non sanctum aliquid aut spirituale meditari, et ita intercepto vitali spiritu, dum suis destituta alimentis vadit ad mortem anima pro qua Christus mortuus est.* Wenn es je einen Grund gegeben hat, einem Mönch das Brechen des Schweigens zu erlauben, ist es sicherlich jener, ihn aus einer so ärgerlichen Lage zu befreien, von der der hl. Bernhard uns erzählt, wo er sich dann befindet, wenn er durch ein Wort sich von einer toddrohenden Situation befreien kann, und seinem Bruder zu helfen, aus einer kaum besseren Lage herauszukommen,

qui n'est guère meilleure, en réparant par une excuse, ou par une satisfaction le mal qu'il lui a fait. Et néanmoins, saint Bernard dans cette occasion, toute pressante qu'elle est, ne relâche rien de la rigueur du silence.

On lit sur le même sujet à un autre endroit dans le Sermon troisième de l'Avent[46], qui n'est ni moins exprès, ni moins décisif: Nos frères, dit-il, sont obligés de nous secourir de leurs conseils et de leurs assistances, par le droit de la société et de la fraternité, *Consiliis et auxiliis*[47], afin que leurs conseils puissent remédier à notre ignorance, et que les assistances qu'ils nous rendront soutiennent notre faiblesse. Mais peut-être, dit ce saint, que quelqu'un de vous autres me réplique en lui-même: comment est-ce que je donnerai conseil à mon frère, puisqu'il ne m'est pas permis de lui dire un seul mot, sans une permission particulière? Quelle assistance lui rendrai-je, puisqu'il ne m'est pas permis de rien faire qui ne me soit ordonné?

Je réponds à cela, ajoute ce saint, vous ne manquerez pas de moyens pour vous acquitter de cette obligation, pourvu que vous conserviez la charité que vous devez à vos frères.

Si saint Bernard en était demeuré là, on ne manquerait pas de dire, qu'en ces cas, et pour ces raisons, on accordait aux frères la permission de parler. Mais il montre bien que cela n'était point ainsi et qu'on ne savait ce que c'était que d'accorder cette dispense par ces paroles qui suivent: Je ne trouve point que vous puissiez donner de meilleur conseil à votre frère, que de lui faire connaître par votre exemple ce qu'il faut ou qu'il fasse,

[46] Serm 31 Avent
[47] ..mit ihren Ratschlägen und Hilfestellungen

indem er durch eine Entschuldigung oder durch eine Genugtuung das verursachte Übel gut macht. Und dennoch hat der hl. Bernhard selbst bei dieser so dringenden Gelegenheit nicht die Strenge des Schweigens gelockert.

Man liest zum selben Thema an einer anderen Stelle in der dritten Advents-Predigt, nicht weniger deutlich oder weniger entschieden: Unsere Brüder, sagt er, müssen uns mit ihrem Rat und Tat nach dem Recht der Gesellschaft und der Brüderlichkeit *Consiliis et auxiliis*, zu Hilfe kommen, damit ihr Rat unserer Unwissenheit abhelfe und ihre Hilfe unsere Schwäche stützt. Aber vielleicht, so sagt dieser Heilige, erwidert einer von euch aus sich heraus: wie kann ich meinem Bruder raten, da mir ihm gegenüber nicht ein einziges Wort – ausser mit besonderer Erlaubnis - gestattet ist? Welche Hilfe kann ich ihm geben, da mir nichts erlaubt ist, ausser was mir befohlen wurde?

Darauf antworte ich, fügt der Heilige hinzu, dass euch die Mittel nie fehlen werden, dieser Verpflichtung nachzukommen, vorausgesetzt, dass ihr die Nächstenliebe zu euren Brüdern immer hochhaltet.

Wenn der hl. Bernhard dabei geblieben wäre, müsste man unbedingt sagen, dass den Brüdern in diesen Fällen und aus diesem Grund die Erlaubnis zum Sprechen gewährt werden muss. Aber er zeigt, obwohl das nicht angesprochen wurde und man nicht wusste, was es war, dass diese Befreiung durch die folgenden Worte: ich finde keinen besseren Rat für euren Bruder, als ihm durch euer Beispiel mitzuteilen, was nötig ist, was er tun oder lassen soll,

ou qu'il évite, l'excitant toujours à ce qui est de meilleur, et le conseillant, non point par la parole, ni par l'usage de la langue, mais par vos œuvres, et par la régularité de votre conduite. *Nullum ego consilium melius arbitror quam si exemplo tuo fratrem docere studeas, quae operteat, quae non oporteat fieri, provocans eum ad meliora, et consulens ei non verbo, neque lingua, sed opere et veritate.*[48] Pour ce qui est de l'assistance, il n'y en a point de plus utile, ni de plus efficace que celle de prier pour lui: *An vero utilius aut efficacius auxilium aliquod est, quam ut ores devote pro eo?*[49] On connaît par expérience qu'il n'y a rien de plus ordinaire aux religieux qui ont de la charité et de la ferveur, lorsqu'ils voient quelqu'un de leurs frères être moins adroit, ou moins ardent dans le travail qui lui a été ordonné, que de lui montrer et de l'instruire de quelle manière il faut qu'il s'en acquitte, en redoublant eux-mêmes la vivacité de leur action, et s'acquittant de leur travail avec encore plus de soin et plus d'application. C'est ainsi que des religieux s'instruisent, s'exhortent, se conseillent et se soutiennent, sans se servir de la parole, et c'est par ces endroits-là qu'il faut juger de la pensée de saint Bernard.

On forme quelques objections sur ce que saint Bernard reprenait quelques-uns de ses frères, des excès qu'ils commettaient en parlant; mais il suffit que vous sachiez, pour y répondre, qu'on avait dès ces temps-là, des conversations publiques et des conférences régulières, où tous les religieux se retrouvaient, et que c'était dans ces rencontres qu'ils tombaient dans les fautes que saint Bernard leur reproche,

[48] Es gibt nach meiner Meinung keinen besseren Rat, als wenn du dich bemühst, den Bruder durch dein Beispiel zu belehren, was man tun und was man nicht tun soll, indem du ihn zum Besseren herausforderst und ihm beratend zur Seite stehst, nicht mit Wort und Zunge, sondern durch Tat und Wahrheit. /((Predigt zum Advent, III, 5) *N.B. nicht sermo 31, wie unter Note 46 französ. steht!)*

[49] Oder gibt es wirklich irgendeine nützlichere oder wirksamere Hilfe, als wenn du fromm für ihn betest..? (Ibid.)

und ihn damit immer zum je Besseren anzuregen, und ihm zu raten, nicht durch Worte noch Sprachgebrauch, sondern durch eure Werke und regeltreues Verhalten. *Nullum ego consilium melius arbitror quam si exemplo tuo fratrem docere studeas, quae oporteat, quæ non oporteat fieri, provocans eum ad meliora, et consulens ei non verbo, neque lingua, sed opere et veritate*. Was die Unterstützung betrifft, gibt es nichts Nützlicheres, noch Wirksameres als das Gebet für ihn: *An vero utilius aut efficacius auxilium aliquod est, quam ut ores devote pro eo*?

Aus Erfahrung weiss man: es ist ganz normal, dass Ordensleute, die voll der Nächstenliebe und Eifer sind, wenn sie einen ihrer Brüder in der ihm befohlenen Arbeit weniger geschickt oder weniger glühend sehen, dass sie ihm zeigen und beibringen, wie er sie erledigt, indem sie selbst ihre Aufgaben schneller tun und sie mit noch mehr Hingabe und Einsatz erledigen. So unterweisen sich die Ordensleute, ermahnen, beraten und unterstützen sich, ohne sich der Worte zu bedienen, und von hier aus muß man die Gedanken des hl. Bernhard beurteilen.

Man hat einige Vorbehalte zu dem, was der hl. Bernhard einigen seiner Brüder vorhielt, als er über die von ihnen begangenen Ausschweifungen sprach; um darauf zu antworten reicht es aber aus, dass ihr wisst, dass man von damals an öffentliche Unterhaltungen und regelmäßige Konferenzen abhielt, bei denen sich alle Mönche einfanden, und dass es bei diesen Zusammenkünften war, wo sie diese Fehler begingen, die der hl. Bernhard ihnen vorwarf wie es in der Predigt Nr. 17, *De Diversis* (über verschiedene Themen) berichtet wird.

comme il paraît dans le Sermon 17 *De Diversis*.

Et il ne faut pas s'étonner que dans un si grand nombre de religieux, il y en eut quelqu'un qui manquait de se contenir dans les règles d'une juste modération. Il se peut même faire qu'il y en avait qui contre l'ordre, et contre le règle rompaient le silence. (Reprise 1683 p. 181)

Vous ne devez point douter, mes frères, que vous ne trouviez dans toutes ces réflexions et ces principes, de quoi vous satisfaire sur les difficultés qui pourraient vous venir touchant la solitude et le silence. Et pour nous, nous vous en aurons dit tout ce que nous avons dessein de vous dire, quand nous vous aurons rapporté ce que le bienheureux Guigues, ce grand Général des Chartreux, dit à ses frères à la fin de ses Statuts[50].

Nous vous avons peu parlé, mes frères, dit ce grand homme, des avantages de la vie solitaire, parce que plusieurs saints d'un sagesse et d'une autorité si grande, que nous ne sommes pas dignes de suivre leurs traces, en ont fait les éloges; outre qu'il serait inutile de vous dire ce que vous connaissez mieux que nous-mêmes.

Car vous avez appris, mes frères, et dans l'ancien et dans le nouveau Testament, que ce n'a pas été dans le bruit et dans le tumulte du monde mais dans la solitude, que Dieu a révélé ses secrets les plus cachés à ses serviteurs, et que quand ils ont voulu ou méditer avec plus de profondeur, ou prier avec plus de liberté, ou s'élever par un ravissement d'esprit au-dessus des choses terrestres, ils se sont toujours éloignés de la foule des hommes, et ont recherché les avantages de la retraite.

[50] Ed. Basil. an 1510

Und es darf nicht wundern, dass es bei einer so großen Zahl von Ordensleuten schon mal einen gab, der versäumte, sich an die Regel der rechten Mäßigung zu halten. Es mag sogar sein, dass welche entgegen der Vorschrift und der Regel das Stillschweigen brachen.

Fortsetzung in der Version von 1683 Seite 181

Ihr dürft nicht im Geringsten zweifeln, meine Brüder, dass ihr nicht in allen diesen Reflexionen und Grundsätzen etwas findet, das euch hinsichtlich der Schwierigkeiten bei Einsamkeit und Schweigen zufrieden stellt. Und von mir aus haben wir euch alles gesagt, was wir euch mitteilen wollten, wenn wir euch berichtet haben, was der selige Guigues, der große Generalabt von Chartreux seinen Brüdern am Ende seiner Statuten gesagt hat.

Wir haben, meine Brüder, so sagt dieser große Mann, wenig von den Vorteilen des einsamen Lebens gesprochen, weil mehrere Heilige von so großer Weisheit und Autorität, dass wir nicht würdig sind, ihren Spuren zu folgen, davon mit höchstem Lob geredet haben; und überdies wäre es unnötig, euch zu sagen, was ihr besser kennt als wir selbst.

Denn, meine Brüder, ihr habt im alten und im neuen Testament erfahren, dass Gott seinen Dienern seine verborgensten Geheimnisse nicht im Lärm und Trubel der Welt, sondern in der Einsamkeit enthüllte und dass sie sich immer von der Menschen-Menge entfernten und die Vorteile der Zurückgezogenheit gesucht haben, wenn sie tiefer meditieren, mit mehr Freiheit beten wollten oder sich in Verzückung über die Erde erhoben.

C'est là que nous voyons[51] Isaac quitter ses pavillons et s'en aller tout seul dans les campagnes pour y méditer; ce qui assurément n'était point en lui une chose extraordinaire, mais une habitude sainte. C'est là que Jacob faisant marcher ses troupeaux devant lui et demeurant tout seul derrière[52], contemple Dieu face à face, reçoit sa bénédiction, change son premier nom en un autre beaucoup plus noble et plus glorieux, et obtient plus de Dieu en un moment étant seul, qu'il n'avait fait durant toute sa vie dans la compagnie des hommes.

L'Écriture nous apprend, mes frères, à quel point Moïse , Élie et Élisée chérissaient la solitude; que c'était là que Dieu les favorisait de la révélation de ses mystères et de ses secrets; qu'ils ont été exposés à d'extrêmes dangers toutes les fois qu'ils se sont trouvés parmi le monde; et que Dieu prenait plaisir de les consoler dans la retraite.

Jérémie, comme nous l'avons déjà remarqué, demeurait seul parce qu'il était effrayé des menaces de Dieu. Il demande[53] qu'on remplisse sa tête d'eau, qu'on fasse couler de ses yeux une fontaine de larmes pour pleurer la perte de ses frères et qu'on lui accorde une demeure dans la solitude, afin qu'il se puisse donner plus librement à cette sainte occupation: *Quis dabit me diversorium viatorum in solitudine*?[54] cela ne lui étant pas possible dans les villes; nous faisant connaître par là combien le monde nous empêche de recevoir la grâce des larmes. Ce prophète, après avoir dit: *Bonum est præstolari cum silentio salutare Dei*[55], que c'est un bien d'attendre le salut

[51] Gn 24, 63
[52] Gn 32, 24-29
[53] Jr 9, 1-2 (Vulg) = Bible Jr.: 8, 23 - 9, 1
[54] Wer wird mir in der Wüste eine Herberge für Wanderer geben?
[55] Lam 3, 26 Gut ist es , in Stille auf Gottes Heilswirken zu warten.

Dort sehen wir Isaac, wie er seine Hütte verlässt und ganz allein in die Felder geht, um dort zu meditieren; das war bestimmt für ihn nicht ungewöhnlich, sondern heilige Gewohnheit. Dort hat Jakob seine Herden vor sich her getrieben und blieb ganz allein zurück, sieht Gott von Angesicht zu Angesicht, empfängt seinen Segen, wechselt seinen Vornamen in einen viel edleren und herrlicheren und erhält von Gott in einem Augenblick mehr, als während seines ganzen Lebens in Gesellschaft der Menschen.

Die Schrift lehrt uns, meine Brüder, wie sehr Moses, Elias und Elisäus die Einsamkeit liebten; dort hat Gott sie mit seiner Gunst beschenkt, ihnen seine Geheimnisse und Vertraulichkeiten geoffenbart; und immer wenn sie in der Welt extremen Gefahren ausgesetzt waren, war es Gott ein Vergnügen, sie in der Einsamkeit zu trösten.

Jeremias, wir haben es bereits bemerkt, blieb allein, weil er vor den Drohungen Gottes zurückschrak. Er verlangt, dass man seinen Kopf mit Wasser fülle, dass aus seinen Augen ein Tränenbrunnen laufe, um den Verlust seiner Brüder zu beweinen, und dass man ihn in der Einsamkeit wohnen lasse, damit er sich dieser heiligen Beschäftigung freier widmen kann: *Quis dabit me diversorium viatorum in solitudine*? das war ihm in den Städten nicht möglich; und damit teilt er uns mit, wie sehr die Welt uns hindert, die Gnade der Tränen zu empfangen. Dieser Prophet, nachdem er sagt: *Bonum est præstolari cum silentio salutare Dei*, dass es ein Gut ist,

de Dieu dans le silence, à quoi la solitude contribue extrêmement, ajoute que c'est un bonheur de porter le joug du Seigneur dès sa jeunesse[56]: *Bonum est viro cum portaverit jugum ab adolescentia sua.*[57] Ce qui nous doit consoler, nous qui l'avons embrassé presque tous étant encore jeunes. Il dit enfin: le solitaire vivra dans le silence et dans le repos parce qu'il s'est élevé au-dessus de lui-même[58]: *Sedebit solitarius et tacebit, quia levavit super se,*[59] en nous marquant ainsi par le repos, la solitude, le silence et le désir des choses d'en-haut, ce qu'il y a de plus excellent dans notre Institut. Il nous apprend ensuite quels sont les disciples qui se forment, et qui s'élèvent dans cette sainte école en nous disant[60]: *Dabit percutienti se maxillam, saturabitur opprobriis.*[61] Le premier exprime une souveraine patience, et le second une parfait humilité.

Saint Jean-Baptiste, lequel selon le témoignage de notre Sauveur,[62] n'a eu qui que ce soit entre les enfants des hommes qui le surpasse, nous montre évidemment ce que l'on trouve d'assurance et d'utilité dans la solitude. Quoique selon les prédictions divines[63], il devait être rempli du Saint-Esprit dès le ventre de sa mère, qu'il ait marché devant le Seigneur dans l'esprit et dans la puissance d'Élie, et que la sainteté de ses parents se joigne à toutes ces grâces, néanmoins au lieu de s'appuyer sur ces avantages, il fuit la communication des hommes comme lui étant dangereuse: il se cache dans le désert comme dans une demeure assurée:

[56] id. v.27
[57] Gut ist es für den Mann, wenn er das Joch von seiner Jugend an getragen hat.
[58] ibid v. 28
[59] Er wird einsam dasitzen und schweigen, denn er hat es auf sich genommen.
[60] ibid. v. 30
[61] Er wird seine Wange dem reichen, der ihn schlägt; mit Schmach wird er sich sättigen lassen.
[62] Mt 11, 11
[63] Lc 1, 15.17 / Lk 1, 15.17

Gottes Heil in der Stille zu erwarten, wozu Abgeschiedenheit unbedingt nötig ist und fügt hinzu, dass es ein Glück ist, das Joch des Herrn von Jugend an zu tragen: *Bonum est viro cum portaverit jugum ab adolescentia sua*. Was uns trösten kann, haben wir alle es doch schon in sehr jungen Jahren auf uns genommen. Schließlich sagt er: der Einsiedler wird in Stille und Ruhe leben, weil er sich über sich selbst erhoben hat *Sedebit solitarius et tacebit, quia levavit super se*, indem er uns so durch die Ruhe, die Einsamkeit, die Stille und das Verlangen nach den höheren Dingen prägt, das Herausragendste in unserer Einrichtung. Er lehrt uns dann, welches die Disziplinen sind, die sich bilden und immer weiter vervollkommnen in dieser heiligen Schule, indem er uns sagt: *Dabit percutienti se maxillam, saturabitur opprobriis*. Das Erste drückt eine erhabene Geduld aus und das Zweite eine vollkommene Demut.

Der hl. Johannes der Täufer, der nach dem Zeugnis unseres Erlösers unter den Menschenkinder niemand hatte, der ihm voraus war, macht uns sonnenklar, welche Sicherheit und welchen Nutzen man in der Einsamkeit findet. Obwohl er nach der göttlichen Vorhersage schon im Mutterleib voll des Heiligen Geistes sein musste und dem Herrn im Geiste und mit der Kraft eines hl. Elias vorausging, und zu dessen Gnaden die Heiligkeit seiner Eltern noch hinzukam, hat er dennoch, statt sich auf diesen Auszeichnungen auszuruhen, die Gemeinschaft der Menschen geflohen, deren Gefahr er fürchtete: er versteckt sich in der Wüste wie in einem sicheren Verbleib:

Frequentiam hominem fugiens tanquam periculosam; deserta solitudinis tanquam tuta delegit.[64] Et il ne connut ni de péril ni de mort pendant qu'il vécut seul dans la solitude. La gloire qu'il eut de baptiser Jésus Christ[65] et de mourir pour la justice, fait voir quel était le mérite et la vertu qu'il y avait acquise: car il devint tel dans le désert qu'il fut trouvé digne de baptiser Jésus Christ qui était venu pour baptiser tout le monde, et de souffrir plutôt la prison et la mort que d'abandonner la cause de la vérité.

Jésus Christ notre Seigneur et notre Dieu, de qui la sainteté ne pouvait recevoir ni d'utilité ni de dommage du commerce du monde, voulut pour nous donner l'exemple avant que de commencer sa prédication et ses miracles, s'y préparer dans la solitude par le jeûne et par les tentations.

L'Écriture nous apprend qu'il se séparait de ses disciples pour prier seul sur le haut de la montagne[66], et qu'il les quitta pour le même sujet peu de temps avant sa passion[67], afin de nous instruire combien la solitude est utile à la prière, puisqu'il ne voulait pas prier dans la compagnie même de ses apôtres.

Considérez, mes frères, quel a été le progrès que les saints Pères, les Antoines, le Pauls, les Hilarions, et les Benoîts ont fait dans la solitude; et vous jugerez par vous-mêmes que c'est elle, plus que tout autre chose, qui nous fait trouver de la douceur dans le chant des psaumes;

[64] Den häufigen Umgang mit Menschen als etwas Gefährliches meidend wählte er die Wüste der Einsamkeit als Ort der Sicherheit.
[65] Mt 3, 13
[66] Lc 9, 28 / Lk 9,28
[67] Mt 26, 39

Frequentiam hominem fugiens tanquam periculosam; deserta solitudinis tanquam tuta delegit. Und er fürchtete weder Gefahr noch Tod, während er allein in der Einsamkeit lebte. Die Ehre, die er hatte, Jesus Christus zu taufen und für die Gerechtigkeit zu sterben, zeigt sein Verdienst und seine Tugend, die er dort erworben hatte: denn er wurde zu dem was er war in der Wüste, so dass er würdig befunden wurde, Jesus Christus zu taufen, der gekommen war, um Alle zu taufen, und eher Gefängnis und Tod zu erleiden, als die Sache der Wahrheit zu verraten.

Jesus Christus, unser Herr und Gott, dessen Heiligkeit weder Nutzen noch Schaden von den Welthändeln nehmen konnte, wollte uns das Beispiel geben, wie man sich in Einsamkeit durch Fasten und Versuchungen darauf vorbereitet, ehe er seine Predigten und Wunder zu wirken begann.

Die Schrift lehrt uns, dass er sich von seinen Schülern trennte, um auf der Spitze des Berges allein zu beten, und dass er sie eben deswegen kurz vor seinem Leidensweg verließ, um uns zu lehren, wie sehr die Einsamkeit für das Beten von Nutzen ist, da er beim Beten sogar nicht einmal in Gesellschaft seiner Apostel sein wollte.

Bedenkt, meine Brüder, was der Fortschritt der hl. Väter in der Einsamkeit war, den die Antonii, Paulus, die Hilarien, und die Bendicti machten; und ihr werdet selbst urteilen, dass wir die Zartheit des Psalmen-Gesanges vor allem durch die Zurückgezogenheit gefunden haben;

qui nous donne de l'affection pour les saintes Écritures, de la ferveur dans l'oraison, de la pénétration dans la prière, de l'élèvement dans la contemplation, et qui nous obtient de Dieu la grâce des larmes.

Ne vous contentez pas de ce peu d'exemples que nous vous avons rapportés pour vous faire connaître l'excellence de votre Institut; mais cherchez-en dans vous-mêmes, dans l'expérience que vous avez des choses présentes, et dans les saintes Écritures, quoique cela ne soit pas fort nécessaire et qu'il soit assez recommandable par sa propre rareté et le petit nombre de ceux qui l'embrassent. Car si selon la parole du Seigneur, la voie qui conduit à la vie est étroite, si peu de personnes la trouvent; et au contraire, si le chemin qui mène à la mort est spacieux et fréquenté de plusieurs, et il est certain que parmi les religieux, les Instituts les plus saints et les plus excellents sont les moins suivis; et que ceux qui le sont davantage sont toujours les moins parfaits: *Tanto unum quodque melioris et sublimioris ostendit meritis quanto pauciores, et tanto minoris, et inferioris, quanto plures admittit.*[68]

C'est ce que ce parfait amateur de la retraite et du silence disait à ses enfants pour les remplir de ses sentiments et de son esprit; et pour leur donner une sainte horreur du commerce et des communications, qui ne sont jamais permises à ceux qui ne sont plus du monde, à moins que dans quelques rencontres et quelques nécessités extraordinaires, une providence de Dieu toute claire ne les y engage

Chapitre 17 (1701) p 233

[68] Desto besser und erhabener weist irgendetwas an Verdiensten vor, je weniger sich dafür entscheiden, und desto kleiner und unbedeutender ist etwas, je größer die Zahl derer ist, die es zulässt.

sie gibt uns die Liebe zu den hl. Schriften, Begeisterung im Gebet, Durchdringung in der Andacht, Erhebung in der Betrachtung, und sie erlangt uns von Gott die Gnade der Tränen.

Gebt euch nicht mit diesen wenigen Beispielen zufrieden, über die wir berichtet haben, um euch den übergrossen Wert eures Instituts vor Augen zu führen; sucht vielmehr in euch selbst, bei der Erfahrung mit gegenwärtigen Dingen und in den hl. Schriften; gleichwohl ist das nicht unbedingt notwendig, weil es schon durch die Seltenheit und kleine Zahl derer empfehlenswert ist, die sich dafür entscheiden. Denn, da nach dem Wort des Herrn der Weg zum Leben schmal ist, finden ihn wenige Personen; und im Gegensatz der breite Weg zum Tod von vielen begangen wird, so ist sicher, dass unter den Ordensleuten die heiligsten und hervorragendsten Institute am seltensten gewählt werden; während die häufig gewählten weniger vollkommen sind: *Tanto unum quodque melioris et sublimioris ostendit meritis, quanto pauciores, et tanto minoris et inferioris, quanto plures admittit.*

So hat dieser vollkommene Liebhaber der Zurückgezogenheit und Stille zu seinen Kindern gesprochen, um sie mit seinen Gefühlen und mit seinem Geist vertraut zumachen; und um ihnen einen heiligen Abscheu vor den Händeln und Unterhaltungen zu vermitteln, die jenen untersagt sind, die nicht mehr von der Welt sind, ausgenommen, wenn bei einigen Zusammenkünften und außergewöhnlichem Bedarf eine klare göttliche Vorsehung sie davon entbindet.

(Kapitel 17 von 1701 , Seite 233)

Chapitre 18[69]*-*
DE L'ABSTINENCE ET DE L'AUSTÉRITÉ DANS LA NOURRITURE.

QUESTION première

Les saints ont-ils fait un si grand cas de l'abstinence, et de l'austérité dans la nourriture?

Réponse

On peut juger, mes frères, par la vie que les anciens solitaires ont menée sur la terre, par les instructions et les règles qu'ils nous ont laissées, le sentiment qu'ils ont eu de la mortification des sens, et particulièrement dans l'austérité du boire et du manger. Car, quoiqu'elle serve de peu si elle est toute seule et destituée des dispositions intérieures qui en sont devant Dieu l'agrément et le mérite, ils n'ont pas laissé de la croire utile et nécessaire à la sanctification des cloîtres, lorsqu'elle est animée de l'esprit qui est le principe de la sainteté et de la vie puisqu'ils nous en ont donné tant de monuments illustres, que l'histoire sainte est toute remplie d'actions et d'exemples qui ont été regardés comme des prodiges de pénitence, et qu'il n'y a presque point d'Observance monastique qui ne se soit formée et conservée dans une austérité rigoureuse.

[69] Évolution historique du sens du mot viande. An 1050: du bas latin vivanda = ce qui sert à vivre. Les „vivanda“ sont proprement des „vivres“, des provisions. 1.le mot désigne en ancien français d'abord l'ensemble des aliments, la nourriture. 2. Il se spécialise (vers 1382) pour désigner la chair des mammifères et des oiseaux dont l'homme se nourrit, sens qui s'impose à partir de 17e siècle, viande se substituant alors à „chair“, mais conservant encore le sens général de nourriture. Le sens moderne se précise dans des syntagmes (association de deux mots): „grosse viande“ = viande de boucherie à l'exclusion de la volaille et de la charcuterie; „menue viande“ = volaille et gibier.

Kapitel XVIII[70]*-*
Enthaltsamkeit und Mäßigung
bei der Nahrung

Erste FRAGE

Haben die Heiligen die Enthaltsamkeit und Strenge bei der Ernährung als so wichtig angesehen?

Antwort

Meine Brüder, man kann aufgrund des Lebens, das die alten Einsiedler auf Erden geführt haben, und aufgrund der Anweisungen und Regeln, die sie uns hinterließen, ihre Einstellung zur Abtötung der Sinne beurteilen, besonders die Strenge beim Trinken und Essen. Denn obwohl diese für sich allein und losgelöst von der inneren Bestimmung wenig nützt, haben sie immer fest geglaubt, dass sie für die Heiligung der Klöster notwendig und nützlich ist. Dazu muß sie vom Geist belebt sein der die Grundlage für die Heiligkeit und das Leben ist, da sie uns so viele leuchtende Erinnerungen daran hinterlassen haben, dass die heilige Geschichte ganz voller Taten und Beispiele ist, die als Wunder an Bußfertigkeit betrachtet werden, und dass es fast keine Ordens-Observanz gibt, die ohne strengen Verzicht geübt worden ist.

[70] Die nebenstehende Erklärung der etymolgischen Geschichte des Wortes „Viande“ = Fleisch ist im Deutschen nicht von Bedeutung. Im Französischen bedeutete das Wort offenbar damals soviel wie Lebensmittel im Allgemeinen, während es heute auf den Begriff „Fleisch“ eingeengt ist.

Rappelez dans votre mémoire, mes frères, ce grand nombre de Solitaires – qui vivaient dans les monastères aussi bien que dans les solitudes – et qui, pour retracer cette prodigieuse pénitence que Jésus Christ pratiqua dans le désert, passaient sans manger des semaines et des carêmes entiers. Je ne vous dis pas cela pour vous porter à imiter des conduites qui ne sont plus imitables, mais afin de vous persuader que, si Dieu n'avait pas renfermé de grands secours et attaché des bénédictions toutes particulières à ce genre de pénitence, il n'en aurait pas inspiré, comme il a fait, le désir aux plus grands de ses serviteurs.

Vous n'auriez pas la consolation de savoir qu'un saint Macaire[71] fut dans Tabène pendant un carême, n'y mangeant que quelques feuilles de choux, et une fois seulement chaque dimanche; que saint Antoine, qui était trois jours sans manger, ne rompit son jeûne qu'avec un peu de pain, d'eau et de sel; qu'un saint Dorothée passa soixante ans dans une caverne, ne prenant par jour qu'un peu d'eau, six onces de pain, et une petite poignée d'herbes, et qu'il répondit à ceux qui lui faisaient un scrupule de ce qu'il accablait son corps dans une si grande vieillesse: „Je le veux tuer, puisqu'il me tue“.

Qu'un saint Marcien, homme d'une grande naissance et honoré à la cour de l'empereur, se retira dans la solitude et y vécut de quatre onces de pain bis; et qu'il ne mangeait qu'après le coucher du soleil.

[71] Vit. Patr. (pour toute cette première question) / Vit. patr. (für diese ganze erste Frage)

Meine Brüder, ruft euch bitte einmal die große Zahl der Eremiten ins Gedächtnis - die in Klöstern ebenso wie in der Einsamkeit lebten - und die, um die ganz ungewöhnliche Buße Jesu Christi in der Wüste nachzuzeichnen, ganze Wochen und Fastenzeiten ohne Essen verbrachten. Ich sage euch das nicht, um euch zur Nachahmung dieses unnachahmbaren Verhaltens anzuregen, sondern um euch zu überzeugen, dass Gott das Verlangen nach dieser Art Bußübungen in den größten seiner Diener nicht entfacht hätte, wenn er diese nicht mit so großen Hilfen und einem ganz besonderen Segen ausgestattet hätte.

Ihr hättet den Trost nicht, zu wissen, dass es einen hl. Makarius in Tabene gab, der während einer Fastenzeit nur einige Kohlblätter ass und das nur einmal jeden Sonntag; dass der hl. Antonius, der drei Tage nichts gegessen hatte, nur mit ein wenig Brot, Wasser und Salz sein Fasten brach; dass ein hl. Dorotheus sechzig Jahre in einer Höhle verbrachte und jeden Tag nur ein wenig Wasser, sechs Unzen Brot und eine kleine Handvoll Gras nahm, und der jenen antwortete, die ihm Skrupel einredeten, er würde seinen Leib in seinem hohen Alter belasten: „Ich will ihn töten, da er mich tötet".

Dass ein hl. Marcius, ein Mann von hoher Geburt und am Hofe des Kaisers geehrt, sich in die Einsamkeit zurückzog und dort von vier Unzen dunklem Brot lebte und der nie vor Sonnenuntergang ass.

Que le bienheureux Sabin son disciple, ne vivait que d'un peu de farine trempée dans de l'eau.

Que saint Macédonien ne mangea pendant quarante ans ni pain ni légumes, mais seulement un peu d'orge écrasée et délayée dans l'eau.

Que le grand saint Jacques, évêque de Nisibe, ne vivait que des fruits que la terre lui pouvait produire sans être cultivée.

Que saint Abraham, évêque et solitaire, a vécu de la même manière; que les saints Sabas, Acepcime, Publie, Aphrate se sont traités avec une pareille rigueur; qu'une sainte Marie d'Égypte n'a eu que trois pains pour se nourrir l'espace de dix-sept ans; que pendant le reste de sa vie, qui en dura trente autres, elle n'eut que quelques herbes sauvages.

Qu'un saint Siméon passa trente carêmes dans une continuelle édification, qu'une multitude innombrable d'hommes d'une mérite éclatant et d'une sainteté consommée ont observé une austérité semblable et se sont contentés pour leur nourriture de quelques onces de pain sec et grossier, d'herbes crues, de légumes trempés dans de l'eau, et de quelques fruits sauvages; et qu'ils ne prenaient encore qu'en petite quantité et après de grands jeûnes et de longues abstinences.

Dass der selige Sabin, sein Schüler, nur von ein wenig Mehl lebte, das mit Wasser benetzt war.

Dass der hl. Mazedonius während vierzig Jahren weder Brot noch Gemüse, sondern nur ein wenig zermalmte Gerste aß, die im Wasser eingeweicht war.

Dass der große hl. Jakobus, Bischof von Nisibe, von nichts als Früchten lebte, die die unbearbeitete Erde ihm hervorbrachte.

Dass hl. Abraham, Bischof und Einsiedler, auf dieselbe Art und Weise gelebt hat; dass die heiligen Sabas, Acepcime, Publius und Aphrate sich mit ähnlicher Strenge behandelten; dass eine hl. Maria von Ägypten in einem Zeitraum von siebzehn Jahren nur drei Brote hatte, um sich zu ernähren; und dass sie im Rest ihres Lebens, das noch 30 Jahre dauerte, nur einige wilde Kräuter zum Essen hatte.

Dass ein hl. Simeon dreißig Fastenzeiten in ununterbrochener Erbauung verbrachte, dass eine ungezählte Menschenmenge von überragendem Verdienst und vollendeter Heiligkeit in ihrer Ernährung eine ähnliche Strenge beobachtet haben und sich mit einigen Unzen trockenen, groben Brotes, rohen Kräutern, gewässertem Gemüse und einigen wilden Früchten begnügt haben; und dass sie dies auch nach langem Fasten und andauernder Abstinenz nur in kleinen Mengen zu sich nahmen.

Question II

Ces exemples si édifiants ne paraissent-ils pas d'une conduite singulière, et peuvent-ils servir de règle pour des communautés et des Observances entières?

Réponse

Il est vrai que ce qui doit être pratiqué de beaucoup de personnes ne doit rien avoir qui soit extrême; et qu'il faut garder plus de mesure dans les règles qu'on donne pour être communes et pour être généralement embrassées. Mais, quelque modération que les saints y aient apportée, lorsqu'ils ont institué des Observances monastiques, ils ont toujours ordonné une pénitence si exacte qu'on n'a guère manqué de regarder leur conduite comme quelque chose d'excessif quoi qu'elle eut, en effet, tout le tempérament et la discrétion qu'elle devait avoir. Et quand nous mettrons ce qui se fait aujourd'hui dans les Congrégations les plus rigoureuses auprès de ce que les saints ont établi et de ce qui s'est pratiqué dans l'origine et dans la première institution des Observances, nous trouverons que l'austérité de nos temps la plus grande et la plus rigide, n'est que l'ombre et la figure de celle qu'ils ont observée. Et nous pourrions vous dire avec beaucoup de fondement ce que vous avez lu dans l'Imitation de Jésus Christ[72]: Considérez ces exemples si vifs des saints Pères, dans lesquels la religion a éclaté dans toutes sa pureté, et vous verrez que ce qui se fait entre nous, n'est presque rien, et que notre vie, quand on la compare à la leur, est bien peu de chose.

[72] Lib. I, cap. 18 / Erstes Buch, Kapitel 18

Frage II

Waren diese so erbauenden Beispiele nicht eher vereinzelte Verhaltensweisen und können sie als Regel für ganze Gemeinschaften und Observanzen dienen?

Antwort

Zwar darf, was von vielen Personen praktiziert werden soll, nichts Extremes an sich haben; und man muß in den Regeln maßhalten, die man als gemeingültig vorschreibt und die allgemein angewandt werden sollen. Aber, welche Abmilderung die Heiligen dort auch angebracht haben, als sie die Ordensregeln einführten, sie haben immer eine so strenge Bußübung befohlen, dass man deren Durchführung immer als Übermaß betrachten muss, da sie in der Tat ganz auf das Notwendige abgestimmt und zugeschnitten sein musste. Und wenn wir das, was wir heute in den strengsten Kongregationen tun mit dem vergleichen, was die Heiligen aufgestellt haben und was man damals in den ersten Institutionen an Observanz praktizierte, so finden wir, dass die größte und strengste Härte unserer Zeiten nur ein Schatten dessen ist, was man damals beobachtete. Und wir können euch mit vollem Grund sagen, was ihr in der Nachfolge Christi gelesen habt: bedenkt die lebendigen Beispiele der hl. Väter, in denen der Glaube in all seiner Reinheit aufleuchtete, und ihr seht, dass unser heutiges Tun fast nichts ist und dass unser Leben, verglichen mit dem ihrigen, wenig Substanz hat.

Intuere sanctorum Patrum vivida exempla, in quibus vera perfectio refulsit et religio; et videbis quam modicum sit, et pene nihil, quod nos agimus: heu quid est vita nostra, si fuerit illis comparata.[73]

C'est une vérité, mes frères, qui vous paraîtra toute évidente si vous la cherchez dans la tradition monastique, et si vous remarquez quelle a été la pénitence des Solitaires et particulièrement dans la nourriture, dans les travaux corporels et dans la pauvreté. Je ne parle pas seulement des ces anges incarnés qui, s'étant mis au-dessus des nécessités de la nature, ont paru dans les déserts comme des astres éclatants; mais je parle des cénobites qui ont vécu dans des communautés et des Congrégations réglées.

Comme il y a eu différents Instituts dans l'Égypte et dans la haute Thébaïde, on n'y a pas observé une pénitence uniforme. Mais nous voyons par les histoires que l'austérité était grande partout; que le pain sec en petite quantité, les herbes, les légumes, les fruits, étaient les viandes ordinaires des Solitaires et de Cénobites. Tous les disciples de saint Antoine ont gardé cette abstinence, c'est-à-dire presque toute l'Égypte puisqu'il a été le Père des observances qui s'y sont formées[74].

Saint Pacôme après avoir été instruit par l'Ange du Seigneur, assembla dans le monastère de Tabene, jusqu'à douze cents Solitaires qui ne vivaient que d'herbes et de légumes, et ne mangeaient rien de cuit pendant le carême. Ils s'en forma quantités d'autres qui gardèrent[75] le même genre de vie, et ce grand saint eut trois mille Solitaires sous sa conduite.

[73] Schau auf die lebendigen Vorbilder der heiligen Väter, in denen wahre Vollendung und Gottesverbundenheit aufstrahlt, und du wirst sehen, wie geringfügig, ja wie fast von keiner Bedeutung das ist, was wir tun. Ach, was ist doch unser Leben, wenn es mit dem ihrigen verglichen wird. (Thomas von Kempen, Die Nachfolge Christi, Buch 1, Kap.18)
[74] Vit. Patr.
[75] Pall. c.6

Intuere sanctorum Patrum vivida exempla, in quibus vera perfectio refulsit et religio; et videbis quam modicum sit, et pene nihil, quod nos agimus: heu quid est vita nostra, si fuerit illis comparata.

Diese Wahrheit, meine Brüder, wird euch ganz offensichtlich erscheinen, wenn ihr sie in der Mönchs-Tradition sucht und wenn ihr bemerkt, wie die Bußübung der Einsiedler war und besonders bei der Nahrung, der körperlichen Arbeit und der Armut. Ich meine nicht nur diese fleischgewordenen Engel, die sich über die natürlichen Bedürfnisse stellten, und in den Wüsten als hell glänzende Sterne erschienen; sondern über die Zönobiten, die in geregelten Gemeinschaften und Kongregationen lebten.

Da es in Ägypten und in der oberen Thebais verschiedene Institute gab, hat man dort keine einheitlichen Bußübungen beobachtet. Aber wir sehen durch die Geschichte, dass die Strenge überall groß war; dass trockenes Brot in kleinen Mengen, Kräuter, Gemüse und Früchte die gewöhnliche Nahrung der Einsiedler und Klostermönche war. Alle Schüler des hl. Antonius wahrten diese Enthaltsamkeit, das heißt fast ganz Ägypten, da er der Vater der dort gebildeten Observanzen war.

Nachdem er durch den Engel des Herrn unterrichtet worden war versammelte der hl. Pachomius im Kloster von Tabene bis zu zwölfhundert Einsiedler, die nur von Kräutern und Gemüse lebten und während des Fastens nichts Gekochtes aßen. Daraus bildeten sich andere Gruppen, die dieselbe Lebensweise beibehielten und der große Heilige hatte dreitausend Einsiedler unter seiner Leitung.

Saint Basile et saint Grégoire de Nazianze nous apprennent[76], que les véritables Solitaires ne se nourrissaient que d'aliments secs, qui n'ont que très peu de suc et de force, et seulement pour se soutenir dans leurs faiblesses. Qu'ils ne mangeaient qu'une seule fois par jour, comme il leur était prescrit par leur Règle; et qu'ils étaient si retenus et si réservés dans les nécessités de leurs corps que jamais leur conscience ne leur faisait sur ce sujet aucun reproche. Et on ne peut douter que les herbes et les légumes n'aient été les viandes communes et ordinaires dont les moines de l'Orient usaient de leur temps puisqu'il disent expressément dans un autre endroit[77] que: s'il se rencontre qu'on ajoute et qu'on mette dans l'eau ou parmi les herbes qu'on prépare aux Solitaires, ce petit morceau de saline que les saints Pères ont jugé que l'on pouvait servir en la place de quelque autre mets, qu'on prenne bien garde en le rejetant sous les apparences d'une piété vaine et singulière, comme si c'était de la chair, on ne recherche en effet des viandes meilleurs et plus délicates; mais qu'on ne fasse point de difficulté de tremper son pain dans le bouillon de ce petit morceau de poisson salé, et qu'on en use avec action de grâces puisqu'étant jeté dans une si grande quantité d'eau, ou de légumes, bien loin d'avoir rien qu'on puisse accuser de délicatesse, il doit être regardé comme la plus grande et la plus exacte austérité des Solitaires.

[76] Const. Mon. c.6
[77] Id. c.25

Der hl. Basilius und der hl. Gregor von Nazianz lehren uns, dass die echten Einsiedler sich nur von trockenen Nahrungsmitteln mit sehr wenig Saft und Kraft nährten, und nur, um sich in ihrer Schwachheit zu stützen. Dass sie nur einmal pro Tag aßen, wie es ihnen ihre Regel vorschrieb; und dass sie so mäßig und reserviert in Bezug auf ihre leiblichen Bedürfnisse waren, dass ihnen ihr Gewissen zu diesem Thema nie einen Vorwurf machte. Und zweifellos waren Kräuter und Gemüse die normale und übliche Nahrung der östlichen Mönche zu ihrer Zeit, denn sie sagen ausdrücklich an anderer Stelle, dass man bei Begegnungen den Einsiedlern den für sie zubereiteten Kräutern oder dem Wasser etwas Salziges (Salzfisch?) zufügt bzw. dahinein tut, worüber die hl. Väter entschieden hatten, dies anstelle anderer Speisen zu servieren, und man hüte sich, dies als eine Erscheinung eitler oder eigenartiger Frömmigkeit abzutun, als sei es Fleisch; sie sollen in der Tat keine delikatere und bessere Nahrung suchen; und man soll keinerlei Schwierigkeiten machen, sein Brot in dem Sud dieses kleinen Stückes Salzfisch einzuweichen, und man soll dies mit einer Danksagung verzehren, da es in einer so großen Menge Wasser oder Gemüse nicht entfernt Grund ist, sich wegen Leckerei Gewissensbisse zu machen, man muß es als besonders große und strikte Bußübung der Einsiedler ansehen.

C'est ce que saint Basile confirme dans un de ses lettres, lorsqu'il dit[78]: Si nous sommes dans une santé parfaite, le pain et l'eau peuvent nous suffire; à quoi on pourra ajouter les légumes, au cas qu'on ait besoin de ce soulagement pour soutenir les forces de nos corps.

Il n'y a rien qui fasse mieux voir quelle était l'austérité qui se gardait parmi les moines de l'Asie, que la surprise que Cassien fit paraître lorsque le saint Abbé Moïse[79] lui ayant dit qu'il y avait eu des Solitaires dans l'Égypte qui ne vivaient que d'herbage, de légumes ou de fruits seulement, et que les autres se contentaient de deux petits pains secs qui pesaient à peine une livre, et sans y rien ajouter, il se prit à sourire, regardant cela comme un excès, et lui répondit qu'il aurait de la peine à manger un de ces petits pains tout entier.

Saint Chrysostome en parlant de la sainteté des moines[80] de son temps, dit que les uns ne mangeaient que du pain, les autres y ajoutaient un peu de sel, quelquefois de l'huile; et que ceux qui étaient infirmes, se contentaient d'herbes et de légumes.

Saint Jérôme rend le même témoignage[81] et dit en plusieurs endroits, que les moines ne vivaient que de pain, d'herbes et de légumes assaisonnés seulement avec du sel, et que c'était une sensualité pour eux que de manger quelque chose de cuit.

[78] Ep. ad Greg. Naz.
[79] Collat. 2 c. 19-21
[80] Hom 24 in c.1 1 ad Timot
[81] Hieronymus: Epistola ad Eustochium. “De custodia virginitatis”

Das hat der hl. Basilius in einem seiner Briefe bestätigt, wenn er sagt: wenn wir uns einer vollkommenen Gesundheit erfreuen, reichen uns Brot und Wasser; und man kann Gemüse hinzufügen für den Fall, dass man diese Erleichterung benötigt, um die Kräfte unseres Leibes zu unterstützen.

Nichts zeigt besser die Strenge, die man unter den Mönchen Asiens bewahrte, als die Überraschung, die Kassian erkennen ließ, als der hl. Abt Moses ihm sagte, dass es Einsiedler in Ägypten gegeben habe, die nur von Kräutern, Gemüse oder Früchten lebten, und dass die anderen sich mit zwei kleinen trockenen Broten ohne Zutaten zufrieden gaben, die kaum ein Pfund wogen, indem er zu lächeln begann, dies als Ausschweifung ansah und ihm antwortete, dass er kaum eines dieser Brötchen ganz verzehren könne.

Als der hl. Chrysostomus über die Heiligkeit der Mönche seiner Zeit sprach, sagte er, dass einige nur Brot essen, andere diesem ein wenig Salz, manchmal etwas Öl zufügten; und dass die Kranken sich mit Kräutern und Gemüse begnügten.

Der hl. Hieronymus bezeugt das Gleiche und sagt an mehreren Stellen, dass die Mönche nur von Brot, Kräutern und Gemüse lebten, die nur mit Salz gewürzt wurden, und dass sie es als Sinnlichkeit ansahen, Gekochtes zu essen.

Nous apprenons par l'Histoire d'Évagre[82], que vers le cinquième siècle, l'austérité des monastères de la Palestine était si grande qu'ils n 'avaient point d'argent, ni en commun, ni en particulier; qu'ils vivaient d'herbes et de légumes; que leurs travaux étaient si excessifs qu'ils étaient plus semblables à des morts qu'à des vivants; que leurs jeûnes passaient souvent deux ou trois jours et quelquefois quatre et cinq, et qu'ils ne mangeaient jamais que pour les simples besoins de la nature.

Dans ce saint monastère situé le long du Jourdain, dans lequel saint Zozime[83] se retira par l'inspiration de Dieu, les Solitaires ne se nourrissaient que de pain et d'eau.

Saint Jean Climaque[84] rapporte que quoique la sainteté monastique fût extrêmement affaiblie de son temps, néanmoins on conservait encore l'austérité des anciens Pères des déserts.

Saint Nil ordonne[85] que les religieux qui sont en santé mangent des légumes, les infirmes des herbes, et il permet l'usage d'un peu de viande à ceux qui sont grièvement malades.

Il est vrai que c'est un adoucissement extraordinaire et duquel des Solitaires d'Orient n'ont point usé. Entre les accusations que les Grecs ont autrefois formées contre l'Église latine[86], une des principales était, sur ce que saint Benoît permet dans sa Règle aux religieux malades de manger de la .viande. Ils n'auraient eu garde de lui faire ce reproche s'ils n'eussent été dans un usage contraire.

[82] Lib. 1 c.41
[83] Vit. Pat.
[84] Grad 264 art. 51
[85] Lib. 2 Ep. 160
[86] Humb cont. Græcor. Calumn. Biblioth.Patr. Tom.4. part.2 prope fine.

Aus der Geschichte des Evagrius erfahren wir, dass um das fünfte Jahrhundert die Strenge der Klöster Palästinas so groß war, dass sie Geld weder gemeinsam, noch einzeln hatten, dass sie von Kräutern und von Gemüse lebten; dass sie so übermäßig arbeiteten, dass sie Toten ähnlicher waren als Lebenden; dass ihr Fasten oft zwei oder drei Tage dauerte und manchmal vier und fünf Tage, und dass sie nur für die einfachen Bedürfnisse der Natur aßen.

In diesem hl. Kloster, am Ufer des Jordan, wohin der hl. Zosimus sich auf Gottes Eingebung zurückzog, nährten sich die Einsiedler nur von Brot und Wasser.

Der hl. Johannes Klimakus berichtet, dass man weiterhin noch die Strenge der ehemaligen Wüsten-Väter beibehielt, obgleich die monastische Heiligkeit zu seiner Zeit äusserst schwach war.

Der hl. Nilus befiehlt, dass die gesunden Ordensleute Gemüse und die Kranken Kräuter essen sollen und den schwer Kranken erlaubt er den Genuß von etwas Fleisch.

Zwar ist dies eine außergewöhnliche Milderung und wurde von den Ost-Eremiten nicht angewendet. Unter den Anklagen, die die Griechen früher gegen die lateinische Kirche erhoben haben, war eine der wichtigsten, dass der hl. Benedikt in seiner Regel den kranken Ordensleuten erlaubt, Fleisch zu essen. Sie hätten sich gehütet, ihm diesen Vorwurf zu machen, wenn bei ihnen nicht das Gegenteil üblich gewesen wäre.

Et le Cardinal Humbert, légat à Constantinople, dans son Apologie, n'eût pas manqué de leur répondre qu'ils avaient tort de blâmer ce qu'ils pratiquaient eux-mêmes. Mais au lieu de leur rien dire de semblable, il se contenta de justifier en ce point la conduite de s. Benoît , comme étant pleine de charité, de discrétion et de sagesse. Et de reprocher aux Grecs leur dureté et l'injustice de leurs plaintes: *Carnibus*, dit-il, *necessitate utentes cœnobitas omnino detestantur.*[87] Cela fait voir évidemment qu'ils observaient l'abstinence de la chair sans dispense, et avec une rigueur inflexible.

Si l'austérité était grande dans l'Orient pour la qualité de la nourriture, elle ne l'était pas moins pour le temps et pour la manière de la prendre. Car il est certain que les anciens moines ne faisaient qu'un seul repas chaque jour; que leur jeûne était presque continuel, et qu'ils ne le rompaient, selon la règle commune, que vers l'heure de None.

Saint Basile dit positivement[88] qu'un religieux ne doit manger qu'une fois le jour.

Le saint Abbé Théonas nous assure[89] que l'indulgence que les Solitaires d'Égypte et de la Thébaïde s'accordaient au temps pascal, se réduisait simplement à changer le temps de leur repas en mangeant à l'heure de Sexte, au lieu de celle de None. Et qu'ils conservaient la même qualité et la même quantité dans les viandes, de crainte de perdre dans la solennité des fêtes pascales, la pureté de l'âme et du corps qu'ils avaient acquise pendant les jeûnes.

[87] Sie verwünschen gänzlich die Mönche, wenn diese aus der Not heraus Fleisch essen.
[88] Const. Mon. c. 6
[89] Cass. Collat. 21 c. 23

Kardinal Humbert, Legat in Konstantinopel, hat in seiner Apologie nicht versäumt, ihnen zu antworten, dass sie Unrecht täten, wenn sie tadeln, was sie selbst praktizierten. Aber anstatt ihnen derartiges zu sagen beschränkte er sich darauf, in diesem Punkt die Führung des hl. Benedikt als voller Barmherzigkeit, Achtsamkeit und Weisheit zu rechtfertigen, Und den Griechen ihre Härte und das Unrecht ihrer Klagen vorzuwerfen: *Carnibus*, sagt er, *necessitate utentes cœnobitas omnino detestantur.* Das macht offensichtlich, dass sie die Fleisch-Abstinenz ohne Ausnahme und mit unbeugsame Strenge beobachteten.

Wenn im Osten die Strenge in Bezug auf die Nahrungs-Qualität groß war, war sie es nicht weniger hinsichtlich Zeit und Art der Nahrungs-Aufnahme. Denn es ist sicher, dass die damaligen Mönche nur eine Mahlzeit am Tag hatten; dass ihr Fasten fast ununterbrochen war, und dass sie es nach der allgemeinen Regel nur um die Zeit der Non brachen.

Der hl. Basilius sagt positiv, dass ein Mönch nur einmal am Tag essen darf.

Der hl. Abt Theonas versichert uns, dass die Nachsicht, die sich die Einsiedler von Ägypten und Thebais zur Osterzeit gewährten, sich nur darauf beschränkte, die Stunde ihrer Mahlzeit zu ändern, indem sie zur Sext anstatt der Non aßen. Und dass sie dieselbe Qualität und Menge der Nahrung beibehielten aus Furcht, in den Feierlichkeiten des Osterfests die Reinheit der Seele und des Körpers zu verlieren, die sie während der Fastenzeit erworben hatten.

Cassien confirme[90] à peu près la même chose lorsqu'il dit que dans la Palestine, le samedi, les dimanches et les fêtes auxquelles les frères font deux repas, on ne récite point de Psaume le soir quand on se met à table, non plus que lorsqu'on en sort, parce que ce repas est extraordinaire; que les frères mêmes ne s'y trouvent pas s'il n'est arrivé au monastère quelque religieux étranger, qu'une indisposition ou quelque autre raison particulière ne les y oblige.

Saint Athanase donne cette règle dans le livre qu'il a écrit de la Virginité[91]: Jeûnez toute l'année, quoique nulle nécessité particulière ne vous y contraigne, après que vous aurez persévéré dans la prière et dans les louanges de Dieu. Prenez à l'heure de None du pain avec des légumes et un peu d'huile; et que les choses dont vous userez soient simples, et n'aient point de vie. Ce grand saint n'aurait garde d'imposer cette nécessité à de simples filles si ce n'avait été un usage commun parmi ceux qui faisaient profession de servir Jésus Christ et de vivre dans la pénitence.

On lit ces paroles dans la Règle saint Abbé Isaïe[92]: Mangez seulement une fois le jour et ne vous rassasiez jamais.

La pénitence de la vie solitaire n'a pas été renfermée dans l'Orient, et quoiqu'elle ait été connue plus tard dans l'Occident, elle n'a pas laissé de s'y établir, d'y faire de grands progrès et de s'y répandre avec éclat et avec bénédiction.

La Règle de saint Benoît[93] qui a toujours été regardée dans l'Occident comme la principale à cause de son étendue et de sa fécondité, ordonne des

[90] L. 3 de Instit. c.
[91] Athan. Lib. De Virgin.
[92] Reg. art. 56
[93] Cap. 41

Kassian bestätigt fast das Gleiche, wenn er sagt, dass in Palästina am Samstag, an Sonntagen und Festen, an denen die Brüder zwei Mahlzeiten halten, man am Abend vor und nach Tisch keinen Psalm betet, weil diese Mahlzeit außer der Reihe ist; dass sich die Brüder selbst auch gar nicht einfinden, es sei denn, ein fremder Mönch wäre im Kloster eingetroffen, eine Unpässlichkeit oder ein anderer besonderer Grund zwänge sie dazu.

Der hl. Athanasius gibt diese Regel in seinem Buch über die Jungfräulichkeit: fastet das ganze Jahr, auch ohne besonderen Grund, nachdem ihr inständig im Gebet und im Gotteslob verharrt habt. Nehmt zur Stunde der Non Brot mit Gemüse und ein wenig Öl; und die Dinge, die ihr verzehrt, seien einfach sind und nicht lebendig. Dieser große Heilige scheut sich nicht, einfachen Mädchen diese Pflichten aufzuerlegen, als wären sie unter jenen nicht üblich gewesen, die das Gelübde zum Dienst für Jesus Christus und zu einem Leben der Buße abgelegt haben.

Man liest in der Regel des hl. Abtes Isaias diese Worte: esst nur einmal am Tag und niemals bis zur vollen Sättigung.

Die Bußfertigkeit des Einsiedlerlebens blieb nicht auf den Osten begrenzt, und obwohl sie im Westen erst später bekannt wurde, säumte sie nicht, sich dort zu etablieren, große Fortschritte zu machen, und sich mit Strahlkraft und Segen dort zu verbreiten.

Die Regel des hl. Benedikt, die wegen ihres Umfangs und ihrer Fruchtbarkeit im Westen immer als die Wichtigste angesehen wurde, befiehlt ein

jeûnes exacts depuis l'Exaltation de la sainte Croix jusqu'à Pâques. Elle défend l'usage de la chair et ne le tolère que dans les maladies et les faiblesses considérables[94]: *Carnium vero quadrupedum omnimodo ab omnibus abstineatur comestio praeter omnino debiles aegrotos.*[95] Et dans le chapitre 36: *Carnium esus infirmis omnino et debilibus pro reparatione concedatur; at ubi meliorati fuerunt, a carnibus more solito omnes abstineant.*[96] Elle ne permet que deux portions cuites[97] pour la subsistance ordinaire des frères. Et quoique les termes dont elle se sert pour marquer la qualité de la nourriture reçoivent diverses explications, il y a néanmoins grand sujet de croire qu'ils doivent être pris à la lettre et que l'on doit entendre par le mot de *pulmentum*[98], des portions faites avec des légumes, des herbes, de la bouillie et quelque chose de semblable.

Car premièrement, en matière de règlements, il faut toujours prendre les paroles dans leur propre sens, et dans leur signification naturelle.

Secondement, rien ne convenait mieux à une Observance qui naissait dans l'abaissement et dans l'abjection, et qui faisait profession d'une extrême pauvreté, qu'une nourriture vile et simple, qui pouvait se trouver sans dépense et se préparer sans peine. Il n'y a guère d'apparence que saint Benoît eût ordonné des viandes plus chères et plus délicates pour des hommes pauvres, et qui devaient vivre du travail de leurs mains[99];

[94] Cap. 39
[95] Auf das Fleisch vierfüßiger Tiere aber sollen alle gänzlich verzichten, außer die ganz schwachen Kranken (Regel des Benedikts, Kap.39)
[96] Die ganz schwachen Kranken dürfen zur Wiederherstellung ihrer Gesundheit Fleisch essen. Doch sobald es ihnen besser geht, sollen sie alle in gewohnter Weise auf Fleisch verzichten (ibidem, Kap.36)
[97] Id.
[98] „Sufficere (...) omnibus mensis cocta duo pulmentaria propter diversorum infirmitaties" RB 39 / .Auf Deutsch verwandt mit Polenta, Getreidebrei
[99] RB cap. 48

strenges Fasten vom Fest der Kreuzerhöhung bis zum Osterfest. Sie verbietet den Genuss von Fleisch und duldet ihn nur bei schwerer Krankheit und Schwäche: *Carnium vero quadrupedum omnimodo ab omnibus abstineatur comestio praeter omnino debiles aegrotos*. Und im Kapitel 36: *Carnium esus infirmis omnino et debilibus pro reparatione concedatur; at ubi meliorati fuerunt, a carnibus more solito omnes abstineant*. Sie erlaubt als gewöhnliche Ernährung der Brüder nur zwei gekochte Portionen. Und obwohl die Begriffe, mit denen sie die Nahrungs-Qualität bezeichnet, verschiedene Deutungen zulassen, ist es trotzdem richtig zu glauben, dass sie beim Buchstaben genau genommen werden müssen und dass man den Begriff *pulmentum* wörtlich nehmen muss, nämlich Portionen mit Gemüse, Kräutern, Mus, Brei oder Ähnlichem.

Denn erstens muß man hinsichtlich der Regeln die Worte immer in ihrem eigenen Sinn und in ihrer natürlichen Bedeutung verstehen.

Zweitens passte nichts besser zu einer Observanz, die aus der Erniedrigung und Verachtung entstand und die extreme Armut zum Gegenstand des Gelübdes machte, als einfache, minderwertige Nahrung, die man ohne Kosten finden und ohne Mühen zubereiten konnte. Es deutet nichts darauf hin, dass der hl. Benedikt teurere und wohlschmeckendere Nahrung für die armen Menschen befohlen hatte, die von ihrer Hände Arbeit leben mussten;

Tunc vere monachi sunt, si labore manuum suarum vivunt, sicut et Patres nostri et Apostoli.[100]

Troisièmement, les saints qui instituèrent l'Ordre de Cîteaux, et qui se proposèrent d'observer à la lettre la Règle de saint Benoît , donnèrent ce même sens au mot de *pulmentum*, comme il paraît par la vie qu'ils menèrent dans les commencements de cet Ordre et dans leurs première Constitutions. Mais qui ne sera surpris de l'austérité que les Camaldules[101] ont pratiquée[102]? Ces parfaits Solitaires à l'imitation de ceux qui les avaient précédés dans les premiers siècles de l'Église, jeûnaient au pain et à l'eau cinq jours de chaque semaine et se contentaient d'y ajouter des herbes ou des légumes, le jeudi et le dimanche; et la plus grande partie de ces saints moines passaient l'Avent et le Carême tout entier dans une abstinence si exacte qu'ils ne prenaient pour toute nourriture que du pain et de l'eau. Ils n'ont pas seulement observé cette pénitence si rigoureuse pendant la vie de saint Romuald, mais encore longtemps après sa mort.

Il mourut l'an 1027 et nous voyons par le témoignage du bienheureux Rodolphe[103], – qui fut le quatrième de ses successeurs, élu en 1084 – que cette grande austérité n'était que peu ou point du tout diminuée de son temps.

Il dit que la coutume de leur désert était de s'abstenir pendant l'Avent et le

[100] Sie sind dann wirklich Mönche, wenn sie wie unsere Väter und die Apostel von ihrer Hände Arbeit leben.
[101] L'ordre Camaldule (ou ordre des Camaldules) est un ordre religieux fondé par Romuald de Ravenne (saint Romuald) en 1012 à Camaldoli, *frazione* de Poppi, dans la haute vallée de l'Arno en Toscane (Italie), sous la règle de saint Benoît.(Wikipedia)
[102] Constit. Camald. c. 28
[103] Ib. c. 29

Tunc vere monachi sunt, si labore manuum suarum vivunt, sicut et Patres nostri et Apostoli.

Drittens gaben die Heiligen, die die Regel von Cîteaux einführten und die dem Buchstaben der Regel des hl. Benedikt folgen wollten, dem Wort *pulmentum*[104] diesen gleichen Sinn, wie er sich durch ihr tägliches Leben in den Anfängen dieses Ordens ergab und in ihren ersten Konstitutionen steht. Wer ist nicht dennoch von der Strenge überrascht, die die Camalduliten praktizierten? Diese vollkommenen Einsiedler in der Nachfolge jener, die ihnen in den ersten Jahrhunderten der Kirche vorausgegangen waren, fasteten bei Brot und Wasser fünf Tage die Woche und beschränkten sich darauf, nur am Donnerstag und Sonntag Kräuter oder Gemüse hinzuzufügen; und die meisten dieser hl. Mönche hielten vollständige Abstinenz im Advent und in der Fastenzeit indem sie als einzige Nahrung nur Brot und Wasser nahmen. Sie haben diese strenge Buße nicht nur zu Lebzeiten des hl. Romuald, sondern noch lange Zeit nach seinem Tod beobachtet.

Er starb im Jahr 1027, und wir sehen durch das Zeugnis des seligen Rodolphus – der sein vierter Nachfolger war, im Jahre 1084 gewählt - dass diese große Strenge gegenüber seiner Zeit wenig oder gar nicht gemildert wurde.

Er sagt, dass der Brauch in ihrer Wüste darin bestehe, sich während Advent und Fastenzeit von allem Käse-, Eier-, Fisch- und Weingenuss zu

[104] Fleischspeise oder Brei (verwandt mit ital Polenta)

Carême de fromage et d'œufs, de poisson et de vin, si ce n'est aux fêtes de saint André, de saint Benoît, de la sainte Vierge, au dimanche des Rameaux et au Jeudi saint.

Que dans ces Carêmes, ils jeûnaient cinq jours de la semaine au pain et à l'eau, avec un peu de sel; que le dimanche et le jeudi, ceux qui le voulaient pouvaient user d'une portion, et qu'il y en avait quelques uns qui vivaient de la même sorte les quarante jours qui précèdent la fête de la Pentecôte. Et que l'usage commun pendant toute l'année, était de jeûner le lundi, le mercredi, le vendredi et le samedi au pain et à l'eau avec le sel. Ce qu'ils observaient avec tant de religion et d'exactitude que s'il arrivait quelque solennité dans laquelle ils dussent se relâcher de cette abstinence, ils la remettaient au lendemain.

Saint Colomban ordonne dans sa Règle[105], que le frères mangent le soir; qu'ils usent d'une nourriture vile; qu'ils soient sobres dans le manger et dans le boire. Il dit que les viandes doivent soutenir mais qu'il ne faut pas qu'elles nuisent; que les herbes, les légumes, la bouillie, avec un peu de pain suffisent pour la nourriture ordinaire.

Les Chartreux, selon leurs premiers statuts[106] jeûnaient le lundi, le mercredi et le vendredi au pain et à l'eau, à quoi il leur était permis d'ajouter un peu de sel: *Secunda, quarta, sextaque feria: pane et aqua et sale si cui placet contenti sumus.*[107] Le mardi, le jeudi et le samedi, ils mangeaient des légumes, ou quelque chose de semblable, que chacun d'eux apprêtait.

[105] Cap. 3
[106] Stat. Guig. c. 33 Bas. édit. an. 1510
[107] Am Montag, Mittwoch und Freitag sind wir mit Brot und Wasser und – wenn es jemand wünscht -, mit etwas Salz zufrieden.

enthalten, ausser an den Festen der hhl. Andreas und Benedikt, der hl Jungfrau, am Palmsonntag und am Gründonnerstag.

Und in diesen Zeiten fasteten sie fünf Tage die Woche bei Brot und Wasser mit ein wenig Salz; sonntags und donnerstags konnte, wer wollte, eine Portion zu sich nehmen. Und es gab einige von ihnen, die während der vierzig Tage vor dem Pfingstfest in derselben Art lebten. Und es war allgemein üblich, während des ganzen Jahres am Montag, Mittwoch, Freitag und Samstag bei Brot und Wasser mit Salz zu fasten. Und das beobachteten sie mit soviel Frömmigkeit und Genauigkeit, dass, wenn ein Fest kam, an dem sie sich von dieser Enthaltsamkeit erholen konnten, sie dies auf den nächsten Tag verschoben.

Der hl. Kolumban befiehlt in seiner Regel, dass die Brüder am Abend essen; dass sie eine sehr einfache Nahrung zu sich nehmen; dass sie beim Essen und Trinken nüchtern sind. Er sagt, dass das Fleisch helfen müsse, aber nicht schaden dürfe; dass Kräuter, Gemüse, Brei und ein wenig Brot für die gewöhnliche Nahrung ausreichen.

Die Kartäuser fasteten nach ihren ersten Statuten am Montag, Mittwoch und Freitag bei Brot und Wasser, dem sie ein wenig Salz hinzuzufügen durften: *Secunda, quarta, sextaque feria: pane et aqua et sale si cui placet contenti sumus*. Am Dienstag, Donnerstag und Samstag aßen sie Gemüse oder ähnliches, was jeder von ihnen zubereitete.

On leur donnait du vin seulement ces jours-là, et le jeudi on y ajoutait un peu de fromage, ou quelque chose de meilleur que les autres jours.

Depuis les Ides de septembre jusqu'à Pâques, ils ne mangeaient qu'une fois, excepté les solennités[108]. Le vin qu'on leur donnait, n'était jamais pur, et le sel était l'unique assaisonnement des viandes ordinaires qu'on leur servait[109]: *Generaliter hujus domus cibi, communes sale tantum condiuntur.*[110] Le pain qu'ils mangeaient n'était jamais blanc, car ils n'en faisaient de blanc que pour les infirmes: *Album enim panem non facimus, nisi pro ægrotim.*[111]

Le dimanche[112] après None, tous les frères recevaient du serviteur de cuisine, des légumes, des herbes, du sel et d'autres choses semblables, et après souper, on leur donnait à chacun, comme aux pauvres de Jésus Christ, un tourteau de gros pain pour leur nourriture de toute la semaine. C'est ce que nous apprenons du bienheureux Guiges, lorsqu'il dit en parlant de ses frères: *In claustrum convenimus,... a coquinario legumina, sal et cætera exposcimus, et accipimus: post cœnam singulas tortas tanquam Christi mendici recipimus.*[113]

Pour le poisson[114], ils permettaient qu'on en achète seulement pour les infirmes, et dans les grandes maladies. *Propter hos solos, si tanta fuerit ægritudo, pisces emere solemus.*[115]

[108] c. 34. 2 part. Stat. ant.c.14
[109] Stat. Guig. cap. 52. ante. stat. 2. part c. 14
[110] Überhaupt werden die gemeinsamen Speisen dieses Hauses nur mit etwas Salz mit Salz gewürzt
[111] Denn wir machen kein Weißbrot, außer für Kranke.
[112] Cap. 7 / Kapitel 7
[113] Wir kommen in der Klausur zusammen..., verlangen vom Küchendiener Gemüse, Salz und anderes, und nehmen es entgegen. Nach dem Mahl empfangen wir, als Bettler Christi, alle einen Kuchen.
[114] Cap. 38 / Kapitel 38

Wein bekamen sie nur an diesen Tagen und am Donnerstag fügte man dazu ein wenig Käse oder etwas Besseres als an den anderen Tagen.

Von den Iden des September bis Ostern aßen sie nur einmal (täglich) ausgenommen an Festtagen. Der Wein, den man ihnen gab, war niemals pur, und Salz war das einzige Gewürz für die gewöhnliche Nahrung: *Generaliter hujus domus cibi, communes sale tantum condiuntur.* Sie aßen niemals weißes Brot, denn außer für Kranke stellten sie keines her: *Album enim panem non facimus, nisi pro ægrotim.*

Sonntags nach der Non erhielten alle Brüder vom Küchenbruder Gemüse, Kräuter, Salz und ähnliche Dinge, nach dem Abendessen gab man ihnen wie den Armen Jesu Christi einen Ölkuchen aus grobem Brot zur Nahrung für die ganze Woche. So lernen wir vom seligen Guiges, wenn er über seine Brüder spricht: *In claustrum convenimus,... a coquinario legumina, sal et cætera exposcimus, et accipimus: post cænam singulas tortas tanquam Christi mendici recipimus.*

Was Fisch angeht, erlaubten sie nur, für die Kranken und bei großen Krankheiten zu kaufen. *Propter hos solos, si tanta fuerit ægritudo, pisces emere solemus.*

[115] Nur um dieser willen, wenn es also um eine wirklich ernsthafte Krankheit geht, kaufen wir für gewöhnlich Fisch.

Les frères Convers[116] jeûnaient au pain et à l'eau tous les vendredis de l'année, excepté les solennités; depuis le commencement de novembre jusqu'à Pâques, ils mangeaient du pain d'avoine; et pendant l'Avent et le Carême, on leur donnait chaque semaine un tourteau de pain de froment comme en manière de pitance.

Il n'y a point de pénitence que l'extrême pauvreté des religieux de Grandmont n'ait égalée. Saint Étienne leur défend[117] l'usage de la chair dans les maladies comme dans la santé. Il leur interdit toute possession au-delà de leur enclos. Il leur ordonne de mener une vie pauvre, en sorte qu'ils puissent tirer leur subsistance de leur désert, de leur jardin et de quelques aumônes. Ce grand saint disait à ses frères: Nous avons commencé à vivre par la grâce de Dieu dans une pauvreté érémitique; c'est ainsi qu'il faut que nous finissions par sa miséricorde: *In paupertate eremiticam vitam nostram Deo annuente ducere cepimus, sic et eam ipso adjuvante finire debemus.*[118] Celui[119] qui était à son aise dans le monde, serait tout à fait blâmable en le quittant, s'il s'était proposé autre chose que la pauvreté dans une religion pauvre. N'a-t-il pas dans sa première condition assez usé de viandes délicates, et d'habillements propres? Et quant à celui qui était pauvre dans le siècle, avec quel droit chercherait-il dans le désert des commodités qu'il ne pouvait avoir dans le monde?

Saint Aurélien (d'Arles) défend dans sa Règle[120] l'usage de la chair, et ne

[116] Cap. 52 / Kapitel 52
[117] Reg. c. 37 / Regel Kapitel 37
[118] Unter dem wohlwollenden Auge Gottes haben wir angefangen, unser Einsiedlerleben in Armut zu führen, so müssen wir es auch mit seiner Hilfe zu Ende führen.
[119] c. 55 / Kapitel 55
[120] In Reg. c. 91 (?)/ Kapitel 91

Die Laienbrüder fasteten bei Brot und Wasser alle Freitage des Jahres ausgenommen die Festtage; von Anfang November bis Ostern aßen sie Haferbrot; und während des Advent und der Fastenzeit gab man ihnen jede Woche einen Ölkuchen von Weizenbrot als magere Kost.

Keine andere Bußübung kam der extremen Armut der Mönche von Grandmont gleich. Der hl. Stephan verbot ihnen den Fleischgenuss bei Krankheit ebenso wie in gesunden Tagen. Er verbot ihnen jeden Besitz ausserhalb ihrer Klause. Er befiehlt ihnen, ein Leben in Armut zu führen, so dass sie ihren Lebensunterhalt aus ihrer Wüste, ihrem Gartens und einiger Almosen beziehen können. Dieser große Heilige sagte seinen Brüdern: wir haben durch Gottes Gnade begonnen, in einer eremitischen Armut zu leben; daher müssen wir durch seine Barmherzigkeit sterben: *In paupertate eremiticam vitam nostram Deo annuente ducere cepimus, sic et eam ipso adjuvante finire debemus.* Wer sich in der Welt wohl fühlte und sie dann verließe, wäre zu tadeln, wenn er sich etwas anderes vornähme, als die Armut in einer armen Religion. Hat er nicht in seiner früheren Umgebung genug wohlschmeckendes Fleisch und saubere Kleidung genossen? Und was den Armen in der Welt betrifft, mit welchem Recht suchte er in der Wüste Bequemlichkeiten, die er in der Welt nicht haben konnte?

Der hl. Aurelius (von Arles), verbietet in seiner Regel den Fleischgenuss

le tolère que pour les infirmes. Il ordonne que la nourriture commune des frères ne soit que d'herbes accommodées avec de l'huile ou du fromage. Il ne permet qu'on serve du poisson que dans certaines fêtes, et quand l'abbé l'accordera par indulgence:

Quando sanctus Abbas indulgentiam facere voluerit,[121] mais il veut que la nourriture ordinaire soit d'herbes accommodées avec de l'huile ou du fromage.

Saint Fructueux veut[122] que les frères ne mangent que des herbes et des légumes pour leur nourriture; et ne permet que très rarement quelques petits poissons, ou de mer, ou de rivière.

La Règle des Solitaires[123] veut que les frères vivent de légumes et d'herbes; qu'ils usent quelquefois de fromage et d'œufs; et qu'ils regardent comme de grandes délices d'avoir des petits poissons. On lit dans la Règle[124] qui s'appelle *Regula cujusdam* que deux portions faites d'herbes ou de légumes, ou de bouillie, doivent suffire pour la nourriture des frères, sans y comprendre le fruit qu'on y peut ajouter.

Le bienheureux Aelred dit dans sa Règle[125] qu'il a faite pour de saintes filles, qu'il faut rejeter le pain blanc, et les viandes délicates, comme un poison d'impudicité. Elles doivent avoir une portion d'herbes ou de légumes, ou de bouillie, à quoi l'on peut ajouter un peu d'huile, de beurre ou de lait; ou quelques petits poissons avec des herbes crues ou des fruits.

[121] Wenn der heilige Abt eine Gunst gewähren will..
[122] In Reg. c. 5 / Kapitel 5
[123] Grimlaicus in Reg. sol. c. 43 / Kapitel 43
[124] Cap.10 / Kapitel 10
[125] Cap. 19 (référence donnée par Rancé). Dans Aelred de Rielvaux: *La vie de recluse,* n° 12, p. 75-77, Edit SC n° 76 1961 / Kapitel 19 (Verweis von Rancé) In Aelred de Rielvaux: das Leben der Klause

und duldet ihn nur für die Kranken. Er befiehlt als gewöhnliche Nahrung der Brüder nur Kräuter, die mit Öl oder Käse angemacht sind. Er erlaubt Fisch nur zu bestimmten Festen und wenn der Abt eine Ausnahme gewährt:

Quando sanctus Abbas indulgentiam facere voluerit, aber er will, dass die gewöhnliche Nahrung aus Kräutern mit Öl oder Käse zubereitet wird.

Der hl. Fructueux will, dass die Brüder nur Kräuter und Gemüse als ihre Nahrung zu sich nehmen und erlaubt nur sehr selten einige kleine Fische vom Meer oder Fluss.

Die Regel der Einsiedler will, dass die Brüder von Gemüse und Kräutern leben; dass sie manchmal Käse und Eier essen und dass sie kleine Fische als großen Genuss ansehen. Man liest in dieser Regel, die sich *Regula cujusdam* nennt, dass zwei Portionen Kräuter, Gemüse oder Brei als Nahrung für die Brüder ausreichen müsse, hinzu können aber noch Früchte genommen werden.

Der selige Aelred sagt in seiner Regel die er für hl. Töchter aufgestellt hat, dass man weißes Brot und feines Fleisch als Gift der Schamlosigkeit ablehnen muss. Sie sollen eine Portion Kräuter oder Gemüse oder Brei bekommen, wozu man ein wenig Öl, Butter oder Milch hinzufügen kann; oder einige kleine Fische mit rohen Kräutern oder Früchten.

Vous serez assurément plus touchés, mes frères, de l'austérité que les saints Instituteurs de l'Ordre de Cîteaux ont pratiquée. La vie qu'ils établirent dans le commencement de ce grand Ordre, vous rendra plus sensibles à l'état où vous le voyez présentement; et je ne doute point qu'en remarquant des distances presque infinies entre la conduite des pères et celles des enfants, vous ne vous écriez avec saint Bernard: *O Monachi et Monachi!*[126] Ces saints entreprirent, comme nous l'avons déjà dit, d'observer la Règle de saint Benoît à la lettre. Ce fut ce qu'ils se proposèrent, et ce que Dieu leur mit au cœur. Ils rejetèrent toute les explications et les sens dont on se pouvait servir pour en adoucir la rigueur, et en altérer la pureté. Ils imposèrent cette même austérité à leurs successeurs; ils leur ordonnèrent de persévérer dans la voie étroite et rigide, qui est exprimée dans la Règle, jusqu'au dernier soupir de leur vie. Ce sont les propres termes de la Charte de fondation[127]: *In arcta atque angusta via quam regula demonstrat, usque ad exhalationem spiritus, desudent.*[128]

Pour s'acquitter donc de cette obligation, ils se contentèrent de vivre[129] de légumes, de racines, d'herbes et de bouillie; et tout l'assaisonnement s'en faisait avec du sel et de l'eau. Leur pain était bis et rude; ils ne buvaient du vin que rarement; et on ne le servait point sur les tables qu'il n'eût été mêlé auparavant avec de l'eau[130]. On ne leur donnait pour le souper dans les jours auxquels ils ne jeûnaient point que des herbes crues, et du lait cru ou cuit

[126] In Sermon s. Benedicti. / In Predigten des Hl. Benedikt
[127] In Exor. Cister. Cf.: Exordium parvum, p. 24, 6 dans: CîTEAUX Documents primitifs – Texte latin, traduction française; Cîteaux – Commentarii Cistercienses 1988
[128] Auf dem schmalen und engen Weg, den die Regel zeigt, mühen wir uns ab bis zum letzten Atemzug.
[129] Bern. Epis. Fast. Ep. Steph. Torn. /
[130] Us c. 88 / Us = Usus = Gebrauch Kap. 88

Ihr werdet sicherlich mehr von der Strenge berührt, meine Brüder, die die heiligen Lehrer (Gründer) von Cîteaux praktiziert haben. Das Leben, wie es sie zu Beginn dieses großen Ordens einrichteten, macht euch empfänglicher für den Stand, wo ihr ihn gerade jetzt seht; und ich zweifele nicht, dass ihr, wenn ihr die fast unendliche Distanz zwischen dem Verhalten der Väter und jener der Kinder bemerkt, dass ihr mit dem hl. Bernhard ausruft: *O Monachi et Monachi!* Diese Heiligen befolgten die Regel des hl. Benedikt tatsächlich auf den Buchstaben genau, wie wir bereits gesagt haben. So nahmen sie es sich vor und so gab Gott es ihnen ins Herz. Sie wiesen alle Erklärungen und Deutungen zurück, die man hätte sich dienen lassen können, um deren Strenge zu mildern und die Reinheit zu mindern. Sie auferlegten ihren Nachfolgern dieselbe Strenge; sie befahlen ihnen, auf dem engen und strikten Pfad der Regel zu beharren, bis zum letzten Seufzer ihres Lebens. Dies sind die Original-Begriffe der Gründungscharta: *In arcta atque angusta via quam regula demonstrat, usque ad exhalationem spiritus, desudent.*

Um also diese Verpflichtung zu erfüllen, beschränkten sie sich darauf, von Gemüse, Wurzeln, Kräutern und Brei zu leben; und als einziges Gewürz nur Salz und Wasser zu nehmen. Ihr Brot war grau und hart; Wein tranken sie nur selten und man servierte ihn zu Tisch nie ohne ihn zuvor mit Wasser gemischt zu haben. An den Fasttagen gab man ihnen zum Abendessen nichts als rohe Kräuter, rohe oder gekochte Milch zur Erntezeit.

, dans les temps de la moisson. Les œufs[131], dont l'usage était rare parmi eux, n'étaient que pour les malades. Ils jeûnaient conformément à la Règle de saint Benoît, depuis l'Exaltation de la sainte Croix jusqu'à Pâques; et depuis la Pentecôte, jusqu'au jour de la sainte Croix, tous les mercredis et les vendredis.

Ils s'abstenaient de lait, de beurre, et de fromage le Carême, l'Avent, tous les jours de jeûnes de l'Église et tous les vendredis de l'année, à l'exception de ceux qui arrivent dans le temps pascal. Ils passaient trois vendredis de Carême avec une seule portion, et les trois autres avec du pain et de l'eau. Et quoique leurs travaux fussent excessifs et leurs veilles très longues, l'amour qu'ils avaient pour Jésus Christ faisait que leur pénitence leur était agréable et qu'ils trouvaient du goût et du plaisir dans leurs souffrances.

Il parut environ cent ans après la fondation de Cîteaux[132] une Congrégation tirée, à ce qu'on peut juger, de cet Ordre même, qui ne s'étendit pas beaucoup mais qui ne laissa pas de donner de l'édification à l'Église. Elle s'appela du Val des Choux[133]. Ces religieux habitaient le fond des forêts, ils ne mangeaient jamais de chair, ils vivaient d'une portion de légumes, avec du pain et de l'eau seulement, depuis l'Exaltation jusqu'à Pâques, et portaient perpétuellement le cilice.

On a vu dans le siècle passé[134] la réforme des Carmes déchaussés d'Espagne s'établir dans une austérité qui n'était guère inférieure à celle que les anciens Pères avaient pratiquée.

[131] Us c. 84 / ebda. 84
[132] Jacob. De Vit. Hist. Occid. c. 17 /
[133] Ep. Innoc. 3 / Innozens' Briefe
[134] Hist. Des Carmes d'Esp. / Geschichte der spanischen Karmeliter

Eier nahmen sie selten zu sich und wenn, nur für die Kranken. Nach der Regel des hl. Benedikt fasteten sie alle Mittwoche und die Freitage vom Fest der hl. Kreuzerhöhung bis Ostern und von Pfingsten bis zum Tag des hl. Kreuzes.

Sie enthielten sich von Milch, Butter und Käse in der Fastenzeit, im Advent, an allen Fasttagen der Kirche und an allen Freitagen des Jahres außer denen in der Osterzeit. Drei Freitage in der Fastenzeit verbrachten sie mit nur einer Portion und die drei anderen mit Brot und Wasser. Und obwohl ihre Arbeiten übermäßig und ihre Nachtwachen sehr lang waren, sorgte ihre Liebe zu Jesus Christus dafür, dass ihnen ihre Bußübungen angenehm waren und sie an ihren Leiden Geschmack und Vergnügen fanden.

Ungefähr hundert Jahre nach der Gründung von Cîteaux hat eine aus dem Orden selbst hervorgegangene Kongregation, die sich nicht sehr ausdehnte, wie es scheint nicht unterlassen, soweit man urteilen kann, für die Erbauung der Kirche zu sorgen. Sie nannte sich nach dem „Tal des Kohls". Diese Mönche wohnten tief in den Wäldern, aßen niemals Fleisch und lebten von einer Portion Gemüse mit Brot und Wasser vom Feste Kreuzerhöhung bis Ostern und trugen ständig das Büßerhemd.

Im letzten Jahrhundert sah man die Reform der unbeschuhten Karmeliter von Spanien in einer Strenge entstehen, die kaum geringer war als jene, welche die Altväter praktiziert hatten.

On lit que les premiers Religieux de cette Observance ne se nourrissaient que d'herbes qu'ils prenaient dans les champs indifféremment et sans aucun choix, et que celles qui croissaient dans les jardins leur paraissaient trop délicates; toute la précaution qu'ils apportaient pour reconnaître si elles n'avaient rien de venimeux était d'en faire manger à quelques bêtes.

Leur boisson n'était que l'eau pure; si on leur donnait quelquefois du vin par aumône et qu'on le présenta sur les tables, personne n'y touchait, dans la pensée qu'il n'était pas nécessaire et ne convenait pas à des aliments aussi pauvres qu'étaient ceux qu'ils usaient.

Il y en avait qui passaient les Carêmes au pain et à l'eau, les autres y ajoutaient de l'absinthe pour rendre encore cette nourriture plus désagréable; d'autres ne mangeaient que de l'avoine et de la paille, et se refusaient quelques gouttes d'eau dans les ardeurs d'une soif extrême.

Man liest, dass die ersten Ordensleute dieser Richtung sich nur von Kräutern nährten, die sie auf den Feldern ganz unterschiedslos und wahllos sammelten, und dass ihnen solche, die in Gärten wuchsen, zu delikat erschienen; die einzige Vorsicht, die sie walten ließen, war, dass sie Tiere davon essen ließen um zu erkennen, ob sie nicht giftig waren.

Ihr Getränk war nur reines Wasser; wenn man ihnen als milde Gabe manchmal Wein reichte und auf die Tische stellte, berührte ihn niemand, aus der Überlegung heraus, dass er nicht notwendig sei und nicht zu der ärmlichen Nahrung passte, die sie verzehrten.

Einige davon verbrachten die Fastenzeit mit Brot und Wasser, dem sie Wermut hinzufügten, um diese Nahrung noch abstossender zu machen; andere aßen nur Hafer und Stroh, und versagten sich sogar in der Glut eines extremen Durstes ein paar Tropfen Wasser.

Question III

Pourquoi est-ce que dans l'endroit que vous nous avez cité des Constitutions de saint Basile chapitre 25, quelques uns mettent le mot de chair salée, au lieu de poisson salé?

Réponse

Quoique je n'aie aucun dessein de vous faire une instruction de grammaire, néanmoins cet endroit me paraît si considérable, et cette explication combat tellement la pénitence des anciens Solitaires, que je crois qu'il est nécessaire de vous en donner un entier éclaircissement et de ne vous laisser aucun doute sur un point de cette conséquence. Je vous dirai donc, mes frères, que les interprètes n'ayant pas eu assez de soin de prendre le sens de saint Basile, ni d'entendre ses expressions, ont traduit le terme qui signifie du poisson salé par celui de chair salée, ce qui est évidemment contre la pensée de ce saint.

Frage III

Warum sprechen einige an der Stelle, die Ihr uns aus den Konstitutionen des hl. Basilius - Kapitel 25 - zitiert habt, von gesalzenem Fleisch statt gesalzenem Fisch?

Antwort

Obwohl ich nicht beabsichtige Euch eine Grammatikstunde zu geben, scheint diese Stelle doch so wichtig, und diese Erklärung bekämpft so sehr der Bußfertigkeit der alten Einsiedler, dass ich es für notwendig halte, euch dazu eine umfassende Erklärung zu geben und keine Zweifel an einem so folgenschweren Punkt zu lassen. Daher sage ich euch, meine Brüder, dass die Übersetzer nicht sorgfältig genug waren, den Sinn des hl. Basilius zu erfassen, noch seine Ausdrücke zu verstehen und haben daher den Begriff des gesalzenen Fisches durch jenen des gesalzenen Fleisches ersetzt, was selbstverständlich den Gedanken dieses Heiligen widerspricht.

Premièrement, l'austérité était si grande et si exacte dans son temps parmi les Solitaires, qu'à peine remarque-t-on dans les Histoires qu'il y en eût qui mangeaient de la chair. Ils la considéraient comme un aliment si éloigné de la vie qu'ils menaient, qu'ils n'auraient eu garde de souffrir qu'on en eût mis dans leur nourriture ordinaire. Et saint Basile était trop amateur de la pénitence pour leur donner un conseil si opposé à celle dont ils faisaient profession en leur disant, qu'ils ne fassent point de difficulté de tremper leur pain dans le bouillon où l'on aurait mis de la chair salée.

Secondement, quel sujet peut-on avoir de donner à ce passage de saint Basile un sens violent et extraordinaire puisqu'il en peut voir un si naturel et si clair. Et pourquoi ne pas dire qu'il n'a point eu d'autre intention que celle de faire connaître à des Solitaires qui s'abstenaient de poisson et ne vivaient que de légumes, qu'au cas où l'on mît un petit morceau de poisson salé dans leur nourriture accoutumée, ils ne devaient point la rejeter comme si on leur avait véritablement présenté de la chair de poisson; mais qu'ils pouvaient et qu'ils devaient sans aucun scrupule tremper leur pain dans le bouillon où l'on aurait mis ce morceau de poisson, en manger avec action de grâces, et considérer cela comme une austérité exacte. En effet, ce morceau de poisson salé confondu dans une si grande quantité d'eau, d'herbes et de légumes, n'y pouvait faire que ce qu'y aurait pu faire un peu de sel, c'est-à-dire lui donner un assaisonnement que les Solitaires les plus pénitents et les plus rigides n'auraient jamais condamné.

Erstens war die Strenge in seiner Zeit unter den Einsiedlern so groß und so genau, dass in dieser Geschichte kaum einmal von jemand erwähnt wird, er esse Fleisch. Sie sahen es als ein Nahrungsmittel, das von ihrem Leben so weit entfernt war, dass sie in Sorge waren, zu leiden wenn man etwas davon ihrer gewöhnlichen Nahrung beigegeben hätte. Und der hl. Basilius liebte die Buße viel zu sehr, um ihnen einen Rat zu geben, der so sehr im Widerspruch zu ihrem Gelübde gestanden hätte, und sagte ihnen, dass es nicht die geringste Schwierigkeit gäbe, wenn sie ihr Brot in die Brühe tunkten in die man gesalzenes Fleisch gelegt hatte.

Zweitens, welchen Anlass könnte man haben, dieser Passage des hl. Basilius einen heftigen und ungewöhnlichen Sinn zu geben, da es einen so natürlichen und klaren gibt? Und warum soll man nicht sagen, dass sie keine andere Absicht hatte als nur jene, den Einsiedlern mitzuteilen, sich des Fisches zu enthalten und nur von Gemüse zu leben, dass, falls man ein kleines Stück Salz-Fisch ihrer gewöhnlichen Nahrung beifügte, sie es keineswegs ablehnen durften, als ob man ihnen wirklich Fleisch vom Fisch gegeben hätte; doch dass sie ohne Skrupel ihr Brot in der Brühe tränken konnten und mussten, wohinein man dieses Stück Fisch getan hatte, dies mit Danksagung zu essen und das als Strenge anzusehen. In der Tat konnte dieses Stück gesalzener Fisch, der in einer so großen Menge Wasser, Kräuter und Gemüse vermischt wurde, und dort nur tun konnte, was auch ein wenig Salz dort gemacht hätte, das heißt ihm eine Würze zu geben, die die bußfertigsten und strengsten Einsiedler nie verurteilt hätten.

Troisièmement, on connaît le sentiment d'un homme qui parle et qui écrit, par les paroles dont il se sert pour s'expliquer. On doit les prendre dans leur signification naturelle et ne leur pas donner un sens extraordinaire qu'elles n'ont point. Or comme les termes dont saint Basile a usé, signifient précisément du poisson salé, c'est sans aucun fondement qu'on veut qu'il permette aux Solitaires de manger de la chair. En un mot, on ne peut mieux connaître ce qu'elles signifient que par les auteurs et les dictionnaires qui les ont expliquées.

Il faut donc que vous sachiez que saint Basile s'est servi dans ce lieu-là de deux termes; l'un est τάριχευτόν, l'autre τέμάχος[135]. Et quoique le premier puisse s'étendre quelquefois à toutes les choses salées, néanmoins sa signification propre et naturelle est du poisson salé.

Pour l'autre, il signifie tellement[136] du poisson salé qu'il est marqué dans les dictionnaires, qu'il ne peut être pris pour de la chair.

On voit dans *Favorinus* Camertes[137], qui est un des meilleurs et des plus exacts, que le mot τέμάχος signifie un morceau de poisson salé, et qu'il ne peut ^être pris pour de la chair.

Le grand Dictionnaire[138] de *Tuffanus, Robertus Constantinus, Marcus Hopperus* le disent aussi expressément. La même chose se voit dans un Lexicon exact de l'impression de Grif de l'année 1545. Edit. Par. in. 4

[135] „tarecheuton“ heißt „Gepökeltes“, „Gesalzenes“; „temachos“ heißt: „abgeschnittenes Stück“ (Fleisch, oder insbesondere Fisch).
[136] Lancelot. Radic.
[137] Favor. Camert.
[138] Dict. Bud....?

Drittens erkennt man die Ansicht eines Menschen, der spricht und schreibt, aus den Worten, deren er sich bedient, um sich auszudrücken. Man muß sie in ihrer natürlichen Bedeutung nehmen und ihnen nicht einen ungewöhnlichen Sinn geben, den sie überhaupt nicht haben. Aber da die Begriffe, die der hl. Basilius benutzt, genau den gesalzten Fisch bedeuten, ist es unbegründet zu wollen, dass er den Einsiedlern erlaubt, Fleisch zu essen. In einem Wort, man kann nicht besser wissen, was sie bedeuten, als nur durch die Autoren und die Wörterbücher, die sie erklärt haben.

Ihr müsst daher wissen, dass der hl. Basilius sich an dieser Stelle zweier Begriffe bedient hat; einer ist τάριχευτόν, der andere τέμάχος. Und obwohl der erste sich manchmal auf alle gesalzenen Sachen beziehen kann, ist seine eigentliche und natürliche Bedeutung dennoch gesalzener Fisch.

Der andere bedeutet in den Wörterbüchern so deutlich Salz-Fisch, dass es nicht für Fleisch genommen werden kann.

Man sieht in *Favorinus* Camertes, das eines der besten und richtigsten ist, dass τέμάχος ein Stück gesalzenen Fisches bedeutet, und nicht als Fleisch verstanden werden kann.

Das große Wörterbuch von *Tuffanus, Robertus Constantinus, Marcus Hopperus* sagt es ebenfalls ausdrücklich. Dasselbe findet man in einem Lexikon des genauen Druckens von Grif aus dem Jahre 1545. Edition Paris. in 4.

Julius Pollux dans son Onomasticon[139] en deux endroits différents, savoir dans le chap. 9 du livre 6, et dans le chap. 8 livre 7, met le mot de τέμάχος pour signifier un morceau de poisson salé.

Le Lexicon[140] qui a pour titre *Lexicopator Etymon, ex variis Doctissimorum Hominum Lucubrationibus per Joannem Chæradamum*, marque que le mot de τέμάχος signifie un morceau de salé, mais qu'il ne s'entend que du poisson; et qu'on appelle de grands poissons τέμάχίταί.

Le Lexicon[141] de Scapula porte que τέμάχος signifie particulièrement un morceau de poisson.

Aristophane[142] s'est servi du mot de τέμάχος dans la comédie des nuées et dans celle des richesses, pour signifier du poisson. Et le Scholiaste prouve par quelques exemples qu'il signifie seulement du poisson et qu'il ne se peut prendre pour de la chair.

Vous voyez évidemment, mes frères, que saint Basile n'a point voulu parler d'un morceau de chair salée, mais d'un morceau de poisson salé. Que son dessein a été d'apprendre aux Solitaires, aux cas qu'on en mît dans leur nourriture ordinaire, qu'ils devaient ne pas en prendre de scandale, mais en manger avec bénédiction. Et que non seulement ce sentiment est plus convenable à la pénitence qui se pratiquait dans tout l'Orient, mais qu'on ne peut pas en trouver un autre dans les termes dont il s'est servi.

[139] Onomast. Jul. Poll.
[140] Lexicon Charad.
[141] Lexicon Scap.
[142] Aristop. com. comment....?

Julius Pollux in seinem Onomasticon verwendet an zwei verschiedenen Stellen, nämlich in Kap. 9, Buch 6 und in Kap. 8, Buch 7 das Wort τέμάχος, um ein Stück gesalzenen Fisch zu bezeichnen.

Das Lexikon mit dem Titel *Lexicopator Etymon, ex variis Doctissimorum Hominum Lucubrationibus per Joannem Chœradamum* bemerkt, dass das wort τέμάχος ein gesalzenes Stück bedeutet, dass sich aber nur auf Fisch bezieht und dass man große Fische τέμάχίταί nennt.

Das Wörterbuch von Scapula hält fest, dass τέμάχος ganz eindeutig ein Stück Fisch bedeutet.

Aristophane, hat das Wort τέμάχος in der Komödie von den Wolken und in der von den Reichtümern benutzt, wenn er Fisch meint. Und das Scholiast[143] beweist durch einige Beispiele, dass es nur Fisch bedeutet, und dass man es nicht für Fleisch nehmen kann.

Ihr seht klar, meine Brüder, dass der hl. Basilius keinesfalls über ein Stück gesalzenes Fleisch, sondern über ein Stück gesalzenen Fisch sprechen wollte. Dass seine Absicht darin bestand, die Einsiedlern zu lehren, die Fälle, wo man solches ihrer gewöhnlichen Nahrung beifügte, nicht als Skandal zu sehen, sondern es mit Segen zu essen. Und nicht nur dass diese Einstellung zu der im ganzen Osten praktizierten Buße besser passt, sondern auch dass man in die von ihm gebrauchten Begriffe keinen andern Sinn legen kann.

[143] Scholiasten sind Verfassser von kurzen Erläuterungen (scholion) in mittelalterlichen Handschriften

Question IV

Ne pourrait-on pas croire que saint Benoît aurait permis l'usage des oiseaux et des volailles, n'ayant défendu par sa Règle que celui des bêtes à quatre pieds?

Réponse

C'est une pensée, mes frères, qui n'est pas nouvelle mais qui n'est appuyée d'aucune raison solide. Il faut considérer que saint Benoît adresse sa Règle à des hommes qu'il destinait à une vie pauvre, austère, pénitente et laborieuse, et à des occupations pénibles, comme celle des gens de la campagnes, qui travaillent à la terre qui cultivent les champs, qui fauchent les blés et qui font la moisson. Ainsi voulant ou leur défendre ou leur permettre de manger de la viande en certains cas et pour de certaines nécessités, il le fait d'une manière qui convient à leur condition et à leur état. Un médecin qui voudrait ordonner ou interdire à un paysan de manger de la chair, n'aurait garde de lui parler, ni de poulets, ni de chapons, ni de perdrix, ni de faisans, ni d'autres choses semblables parce que ces sortes de viandes lui sont assez défendues par elles-mêmes, et qu'elles n'ont ni proportion ni rapport à sa pauvreté ni à la vie qu'il mène. Mais il pourrait lui permettre ou lui défendre de manger – ou de ne pas manger – de la grosse viande, étant une nourriture qui lui est plus proportionnée.

Frage IV

Könnte man nicht glauben, dass der hl. Benedikt den Genuss von Vögeln und Geflügel erlaubt hat, da er durch seine Regel nur den Verzehr von Vierfüsslern verboten hat?

Antwort

Dieser Gedanke, meine Brüder, ist nicht neu, hat aber keine solide Begründung. Zu bedenken ist, dass der hl. Benedikt seine Regel an Menschen richtet, die er zu einem armen, strengen, reumütigen und arbeitsamen Leben bestimmte und zu mühevoller Beschäftigung wie jene der Landleute, die auf dem Acker arbeiten, die Felder kultivieren, das Getreide mähen, und die Ernte einbringen. Da er ihnen so den Genuss von Fleisch in bestimmten Fällen und für bestimmte Bedürfnisse verbieten oder erlauben wollte, tat er es auf eine Art, die zu ihrem Befinden und Stand passt. Ein Arzt, der einem Bauern Fleisch zu essen verbietet oder anordnet, hätte keine Hemmung ihm weder von Hähnchen, von Kapaunen, von Rebhühnern, von Fasanen, noch von ähnlichen Dingen zu sprechen, weil diese Fleischarten schon von sich aus verboten sind, und weil sie in keinem Verhältnis oder Beziehung zu seiner Armut oder Lebensführung stehen. Aber er könnte ihm erlauben oder verbieten großes Fleisch zu essen, die eher eine ihm gemässe Nahrung ist.

Saint Benoît en use dans sa Règle de la même sorte avec beaucoup de sagesse et de discernement; il n'a pas jugé devoir prescrire à ses frères l'abstinence de la viande, ou leur accorder la permission d'en manger, en leur nommant des mets peu conformes à des personnes consacrées à la pauvreté et à la pénitence, mais pour s'expliquer d'une manière plus propre et plus naturelle, il ne leur a parlé que de viandes grossières, et d'animaux à quatre pattes. Et véritablement, il n'y aurait point d'apparence que saint Benoît établissant une vie pénitente, et son dessein étant de sauver les âmes en leur ôtant tout moyen de vivre selon les sens, de nourrir leurs convoitises et de flatter leurs cupidités, leur eût permis d'user de viandes délicates, toutes propres à faire des effets contraires à ses intentions, et leur eût donné la liberté d'imiter les gens du monde en vivant comme eux dans la mollesse, dans les délices, dans la bonne chère et dans la recherche de ce qui peut exciter et contenter leur sensualité.

C'est ce que saint Jérôme a voulu dire lorsqu'il écrit[144] à Salvina en ces termes: „Bannissez de votre table les volailles, les faisans, les tourterelles, et les autres oiseaux qu'on ne saurait avoir sans soin et sans dépense. Et ne vous imaginez pas que vous viviez dans l'abstinence de la viande, si vous vous contentez seulement de ne pas manger de la chair de porc, de lièvres, de cerfs et d'autres animaux à quatre pieds. Car ce n'est pas le nombre des pieds des animaux que l'on considère en cela, mais le goût et le plaisir: *Non enim hæc pedum numero, sed suavitate gustus judicantur.*[145]

[144] Epist. Ad Salviam

[145] Denn dies beurteilt man nicht nach der Zahl der Füße, sondern man richtet sich nach dem angenehmen Geschmack.

Der hl. Benedikt benutzt das in seiner Regel in derselben Art mit viel Weisheit und Unterscheidungsvermögen; er hat entschieden, seinen Brüdern die Enthaltsamkeit von Fleisch nicht vorschreiben oder gewähren zu müssen, indem er ihnen Speisen nannte, die der Armut und Buße gewidmeten Menschen wenig zukömmlich sind, und um es ihnen in klarer und natürlicher Weise zu erklären, hat er ihnen nur über großes Fleisch und vierbeinige Tiere gesprochen. Und wirklich gibt es keinen Anschein, dass der hl. Benedikt, beim Einführen eines bußfertigen Lebens und in seiner Absicht, die Seelen durch Untersagen aller Mittel des Sinneslebens, des Förderns der Begierden und des Schmeichelns ihrer Gier zu retten, ihnen erlaubt hatte, delikates Fleisch zu genießen. Denn dies wäre geeignet Wirkungen im Widerspruch zu seinen Absichten zu entfalten und hätte ihnen die Freiheit gegeben, die Welt-Leute nachzuahmen, indem sie mit diesen in der Verweichlichung, in Genüssen, im Luxusleben und der ständigen Suche nach Reizen für ihre Sinnlichkeit und deren Befriedigung lebten.

Das wollte der hl. Hieronymus sagen, als er mit folgenden Begriffen an Salvina schreibt: „Verbannen Sie von Ihrer Tafel das Geflügel, die Fasanen, die Turteltauben und die anderen Vögel, die man nicht ohne Mühe und Kosten haben kann. Und bilden Sie sich nicht ein, enthaltsam von Fleisch zu leben, wenn Sie sich nur darauf beschränken, Fleisch vom Schwein, von Hasen, Hirschen und anderen Vierfüßlern zu meiden. Denn es ist nicht die Zahl der Füsse der Tiere, auf die es hier ankommt, sondern der Geschmack und die Gaumenlust: *Non enim hæc pedum numero, sed suavitate gustus judicantur.*

L'auteur des Livres de la vie contemplative[146], attribués à saint Prosper, dit à ceux qui se privent de manger des bêtes à quatre pieds, que s'ils mangent des faisans, des volailles et d'autres oiseaux, et même des poissons délicieux, ils ne retranchent pas la volupté, mais ils ne font qu'en changer la matière, et qu'il paraît qu'ils se refusent les viandes viles et communes, non par l'amour qu'ils portent à l'abstinence, mais à cause de la délicatesse de leur estomac, et afin d'avoir plus de lieu de donner à leurs sens ce qu'ils demandent, en usant de nourriture et de viandes plus chères et plus recherchées.

Cela a été la pensée de saint Benoît dans les chapitres 36 et 39. Et quiconque lui en attribue une autre, n'a jamais connu en cela ni son esprit ni son sentiment.[147] *Carnium esus*, dit-il, *infirmis omninoque debilibus pro reparatione virium concedatur; at ubi meliorati fuerint, a carnibus more solito abstineant omnes.... Carnium vero quadripedum omnino ab omnibus abstineatur comestio prœter omnino debiles et œgrotos.*[148] Il faut remarquer que ce saint accordant aux malades l'usage des animaux à quatre pieds, a retranché la délicatesse et les superfluités vicieuses, et que néanmoins il a suffisamment pourvu à toutes leurs nécessités. Car les plus languissants et les plus faibles trouvent dans le suc, et dans le bouillon que l'on en tire, une nourriture qui leur est propre: et les convalescents, en mangeant la viande, n'ont que trop de moyens pour rétablir leur santé.

[146] Lib. 2, c. 23
[147] Cap. 36 et cap. 39
[148] Das Essen von Fleischspeisen erlaube man den Kranken und ganz Schwachen zu ihrer Kräftigung; doch wenn es ihnen wieder besser geht, sollen sie in gewohnter Weise auf Fleisch verzichten....Auf den Verzehr vom Fleisch vierfüßiger Tiere sollen alle vollständig verzichten, mit Ausnahme der ganz schwachen Kranken.

Der Autor der „Bücher des kontemplativen Lebens", die dem hl. Prosper zugeschrieben werden, sagt jenen, die auf den Genuss vierbeiniger Tiere verzichten, dass, wenn sie Fasanen, Geflügel und andere Vögel essen und sogar köstliche Fische, dass sie die Sinnenfreude nicht meiden, sondern nur deren materielle Grundlage tauschen. Es scheint, dass sie das einfache und gewöhnliche Fleisch ablehnen, nicht aus Liebe zur Enthaltsamkeit sondern wegen der Feinschmeckerei ihres Magens, und um mehr Raum zu gewinnen ihren Neigungen nach zu geben, indem sie kostbareres und selteneres Fleisch zur Nahrung nehmen.

Das war der Gedanke des hl. Benedikt in Kapitel 36 und 39. Und jeder, der ihm etwas anderes zuschreibt, hat weder seinen Geist noch seinen Sinn verstanden. *Carnium esus*, sagt er, *infirmis omninoque debilibus pro reparatione virium concedatur; at ubi meliorati fuerint, a carnibus more solito abstineant omnes.... Carnium vero quadripedum omnino ab omnibus abstineatur comestio præter omnino debiles et ægrotos*[149]. Man muß bemerken, dass dieser Heilige, der den Kranken den Genuss von Vierfüsslern gewährt, die lasterhafte Feinschmeckerei und den Überfluss abgelehnt hat, und trotzdem genügend für all ihre Bedürfnisse vorgesorgt hat. Denn die Siechenden und Schwächsten finden in dem daraus bereiteten Saft und der Brühe, eine geeignete Nahrung: die Genesenden haben mit dem Genuss von Fleisch genug Mittel, um ihre Gesundheit wiederherzustellen.

[149] hier weicht der digitalisierte Text von der Originalkopie 1683 ab.

Ainsi la distinction que quelques uns ont faite sur ce sujet, est tout à fait inutile, en disant que la grosse viande avait été accordée pour ceux qui étaient extrêmement malades, afin d'en prendre le bouillon; et que ceux qui l'étaient moins, usaient d'oiseaux et de volailles pour la réparation de leurs forces puisque la grosse viande suffit aux uns et aux autres. Et qu'on ne peut induire cette différence, d'aucun endroit de la Règle de saint Benoît. Il serait bien plus selon le bon sens, en mettant à part cette Règle, de vouloir qu'on donne les viandes délicates aux plus malades et les plus grossières à ceux qui le sont moins.

Ceux qui soutiennent l'avis contraire, s'appuient de deux autorités, qu'il estiment considérables. L'une est Théodemar, Abbé du Mont-Cassin[150], lequel écrit à l'empereur Charlemagne, que l'on mangeait dans son monastère de la volaille pendant les Octaves de Noël et de Pâques. Et que ceux qui en usaient ainsi, ne faisaient rien contre la Règle de saint Benoît. L'autre est tirée de l'assemblée qui se tint à Aix-la-Chapelle en l'année 817.

Cet Abbé véritablement rapporte ce qui se faisait dans son monastère, et essaye de le justifier par l'autorité de saint Benoît. Mais la preuve dont il se sert est si faible qu'il est malaisé qu'elle persuade ceux qui la liront avec application. Voici ses paroles: *Sed de esu volatilium tam caute prudentissimus pater noster posuit in sua Regula ut si vellent monachi comedere, cum opportunum est, non sujaceant culpæ.*[151] „Notre Père, dit-il, si plein de sagesse, a parlé avec tant de précaution de l'usage des volailles, afin que ceux qui en mangeraient dans l'occasion, fussent exempts de faute“.

[150] Epist. Theod. ad Car. Magnus / Brief von Theodor an Karl den Großen

[151] Aber unser sehr kluger Vater hat sich zum Verzehr von Geflügel in seiner Regel so wohlbedacht ausgedrückt, dass die Mönche, wenn sie davon essen möchten und dies passend ist, keine Schuld auf sich laden.

So sind die Unterschiede, die einige zu diesem Thema ausführen, völlig unnötig, wenn sie sagen, dass das große Fleisch für die schwer Kranken gewährt worden sei, um damit die Brühe zu bereiten; und dass die leichter Kranken Vögel und Geflügel zur Herstellung ihren Kräften benötigen, da das große Fleisch für die einen wie die anderen ausreicht. Und man kann diesen Unterschied von keiner Stelle der Regel des hl. Benedikt herleiten. Es entspricht mehr dem gesunden Menschenverstand und wenn man die Regel einmal beiseite lässt, dass man den Kränksten das feinere Fleisch gibt und das gröbere den weniger Kranken.

Jene, die die gegenteilige Ansicht vertreten, stützen sich auf zwei Autoritäten, die sie sehr schätzen. Die eine ist Théodemar, Abt von Monte-Cassino, der an Kaiser Karl den Großen schreibt, dass man in seinem Kloster während der Oktaven von Weihnachten und Ostern Geflügel aß. Und dass jene, die dies taten, nicht gegen die Regel des hl. Benedikt verstießen. Die andere stammt aus der Versammlung von Aachen im Jahr 817.

Dieser Abt berichtet tatsächlich über Geschehnisse in seinem Kloster, und versucht, sie durch die Autorität des hl. Benedikt zu rechtfertigen. Aber der Beweis, den er benutzt, ist so schwach, dass er schwerlich jene überzeugt, die ihn aufmerksam lesen. Hier seine Worte: *Sed de esu volatilium tam caute prudentissimus pater noster posuit in sua Regula ut si vellent monachi comedere, cum opportunum est, non sujaceant culpæ.* „Unser Vater, sagt er, hat voller Weisheit mit so großer Vorsicht vom Genuss des Geflügels gesprochen, damit jene, die davon gelegentlich essen würden, sich keine Fehler zu schulden kommen lassen".

Cependant saint Benoît n'en a pas dit un mot dans toute sa Règle. On ne lit pas une seule parole; c'est purement imaginer et lui attribuer une chose dont il ne paraît pas qu'il ait eu la moindre vue. Que si Théodemar prétend inférer cette permission de son silence, il y a quantité de choses sur lesquelles il ne s'est point expliqué, qui par la même raison seront estimées licites ou indifférentes, quoiqu'elles soient entièrement contraires à son esprit et à sa Règle; et qui en seraient la confusion et le renversement.

Pour ce qui est des Abbés qui s'assemblèrent à Aix-la-Chapelle, il faut savoir qu'ils trouvèrent cette mauvaise coutume de manger des volailles, si générale et si répandue dans toute l'Ordre de saint Benoît, qu'ils crurent qu'il était plus à propos d'en arrêter l'abus et d'en ôter le dérèglement, en y apportant de la modération, que d'en abolir tout à fait l'usage. Ainsi, ils ordonnèrent que dans les fêtes de la Nativité et de Pâques, on pourrait donner aux frères de la volaille à manger, pourvu qu'ils ne regardent pas cette liberté comme une obligation et que l'Abbé et les frères s'en abstiennent s'ils le jugeaient à propos.

Il est nécessaire de savoir que le dessein de cette Assemblée n'a point été de rétablir les choses sur l'origine de la Règle de saint Benoît et sur l'Institution première. Ce qui paraît évidemment en ce qu'elle dispensa de jeûner toutes les fêtes considérables, et qu'elle ordonna qu'on assaisonne toutes les portions que l'on servirait aux frères avec de la graisse. Ce qui est un adoucissement de la Règle, et par conséquent, cette autorité ne prouve et ne fait rien contre notre opinion.

Doch hat der hl. Benedikt in seiner ganzen Regel davon kein Wort gesagt. Man liest davon kein einziges Wort; es ist reine Einbildung und ihm wird etwas unterstellt was nicht seine mindeste Absicht war. Und wenn Théodemar behauptet, diese Erlaubnis aus seinem Schweigen schließen zu können, könnten viele Dinge, zu denen er sich nicht erklärt hat, als erlaubt oder indifferent gesehen werden, obwohl sie völlig im Widerspruch zu seinem Geist und seiner Regel stehen; und diese verwirren, ja ins Gegenteil verkehren würden.

Was die in Aachen versammelten Äbte betrifft, muß man wissen, dass sie im Orden des hl. Benedikt den schlechten und allgemein Brauch, Geflügel zu essen, so weit verbreitet fanden, dass sie glaubten es sei besser dessen Missbruch zu stoppen und die Freigabe zu verhindern, indem sie eine Mäßigung einführten, anstatt den Genuß ganz abzuschaffen. Somit ordneten sie an, dass man den Brüdern zum Christfest und zu Ostern Geflügel geben könnte, vorausgesetzt, dass sie diese Freiheit nicht als eine Pflicht ansähen, und dass Abt und Brüder sich dessen enthielten, je nach ihrem Urteil.

Man muß wissen, dass die Absicht dieser Versammlung keineswegs war, die Dinge nach der ursprünglichen Regel des hl. Benedikt und der ersten Institution wiederherzustellen. Das erscheint selbstverständlich, weil sie das Fasten für alle grösseren Feste aufhob, und befahl, dass man alle Portionen mit Fett würzt, die man den Brüdern serviert. Das ist eine Milderung der Regel und folglich beweist und tut diese Autorität nichts gegen unsere Meinung.

On ajoute à ces deux autorités une troisième, qui est celle de sainte Hildegarde. Cette sainte a cru que Dieu lui avait fait connaître tout ce qu'elle avait écrit sur la Règle de saint Benoît par une lumière surnaturelle. Et cependant, elle a écrit qu'il n'avait défendu dans sa Règle que la chair des animaux à quatre pieds et que celle des volailles et des oiseaux, il avait permis d'en manger. Il est aisé de répondre à cela que c'est une prétendue révélation à laquelle il n'y a ni obligation ni même apparence d'ajouter foi. Les prophètes qui parlent d'ordinaire par l'Esprit de Dieu parlent aussi quelquefois par leur propre esprit. Et quoique les Conciles et les souverains Pontifes aient rendu des témoignages avantageux touchant les lumières et les sentiments de cette grande sainte, il ne faut pas croire que leur intention ait été de canoniser précisément tout ce qu'elle a écrit.

On dit encore que si on prétend inférer de ce que saint Benoît en permettant l'usage de viande, et n'ayant exprimé que les animaux à quatre pieds, n'a point permis celui des oiseaux et des volailles parce qu'il n'en a point parlé, il faudrait aussi conclure qu'il aurait défendu l'usage du poisson parce qu'il n'en a rien dit; mais c'est une raison qui ne prouve rien. Car saint Benoît ayant eu dessein, non pas d'ajouter à l'austérité des Règles anciennes, mais bien de les modérer, il n'a eu garde de vouloir empêcher de manger du poisson, ce qui n'a jamais été défendu quoique l'usage en fut très rare.

Man stellt neben diese zwei Autoritäten noch eine dritte, die hl. Hildegard. Diese Heilige hat geglaubt, dass Gott ihr durch übernatürliche Erleuchtung alles mitgeteilt habe, was sie zur Regel des hl. Benedikt geschrieben hat. Und doch hat sie geschrieben, dass er in seiner Regel nur das Fleisch der Vierfüßler verboten habe und dass er erlaubt habe, Geflügel und Vögel zu essen. Leicht kann man darauf antworten, dass dies eine vorgebliche Offenbarung ist, die man weder zu glauben, noch für wahrscheinlich zu halten verpflichtet ist. Die Propheten, die gewöhnlich aus dem Geist Gottes reden, sprechen manchmal auch durch ihren eigenen Geist. Und obwohl die Konzile und die Fürst-Bischöfe die Erleuchtung und die Ansichten dieser großen Heiligen positiv bezeugen, darf man nicht glauben dass sie alles exakt kanonisieren wollten, was sie geschrieben hat.

Man sagt auch, dass, wenn man behauptet zu schließen, dass der hl. Benedikt, wenn er den Genuss von Fleisch erlaubt, und dabei nur die Vierfüßler ausdrücklich erwähnt, er deswegen den Genuss von Vögeln und Geflügel nicht erlaubt hat, weil er nicht davon gesprochen hat, daher müsse man ebenfalls schliessen, das er auch Fischgenuss verbietet, weil er davon nichts gesagt hat; aber dieser Beweis ist nicht haltbar. Denn der hl. Benedikt wollte nicht die Strenge der alten Regeln verstärken, sondern sie mäßigen und daher lag ihm nicht daran, Fischgenuss verhindern zu wollen, der, obwohl sehr selten, nie verboten war.

Mais il n'en est pas de même des animaux qui vivent dans l'air, ou sur la terre puisque dans toute l'antiquité les moines s'en sont abstenus, et qu'on n'en a jamais connu l'usage dans l'Orient, comme il paraît par toute l'histoire monastique, et par les plaintes que l'Église grecque fit contre la Règle de saint Benoît sur ce même sujet. Ainsi, ce grand saint voulant apporter quelque adoucissement à cette rigueur première, il a permis l'usage de la grosse viande, pour la nécessité, à des gens pauvres et pénitents, tels qu'étaient ses disciples, et a laissé la loi dans sa rigueur touchant les viandes plus délicates et plus délicieuse qui, à proprement parler, ne servent qu'à la volupté et au plaisir.

Il y a une autre objection que l'on forme contre notre sentiment, mais qui n'est pas plus décisive que la précédente. Elle est prise d'un miracle que l'on dit qui fut fait en faveur de saint Colomban lorsque Dieu lui envoya dans une extrémité pressante où il se trouvait, une multitude innombrable de toutes sortes d'oiseaux, dont lui et ses frères se nourrirent durant trois jours.

À ce prétendu miracle on en pourrait opposer un autre qui serait plus à notre sujet. On raconte de saint Gontier[152] qui pratiquait la Règle de saint Benoît, qu'étant à la table de saint Étienne, roi de Hongrie, ce prince le pressa de manger d'un poulet d'Inde sans vouloir s'arrêter au refus qu'il en faisait constamment, mais que le saint se trouvant entre la volonté du roi et l'obligation de garder sa Règle, adressa ses prières à Dieu qui l'écouta, en sorte que dans le moment, l'oiseau disparut à la vue et à l'étonnement de ceux qui étaient présents.

[152] In vita ejus.

Aber ebenso gilt dies für Tiere, die in der Luft oder auf der Erde leben, da sich die Mönche im ganzen Altertum deren enthalten haben, und dass man im Osten diesen Genuss nie gekannt hat, wie es durch die ganze Mönchs-Geschichte scheint, und durch die Klagen, die die griechische Kirche gegen die Regel des hl. Benedikt zu diesem selben Thema erhob. Somit will dieser große Heilige diese frühe Strenge irgendwie mildern, hat daher den Genuss von großem Fleisch in der Not den armen und bußfertigen Menschen erlaubt, die seine Schüler waren, und beließ das Gesetz in seiner Strenge in Bezug auf das delikatere und köstlichere Fleisch, das genau genommen nur der Sinnenfreude und dem Vergnügen dient.

Es gibt noch einen weiteren Einwand, den man gegen unsere Auffassung aufbringt, der aber nicht entscheidender ist als der vorhergehende. Er wird von einem Wunder abgeleitet, das wie man sagt, zugunsten des hl. Colomban gewirkt wurde, als Gott ihm in äusserster Not, in der er sich befand, eine unzählige Menge Vogelarten sandte, von denen er und seine Brüder sich während dreier Tage ernährten.

Diesem mutmaßlichen Wunder könnte man ein anderes entgegensetzen, das mehr zu unserem Thema passt. Man erzählt vom hl. Gontier, der nach der Regel des hl. Benedikt lebte, als er am Tisch des hl. Stephan, König von Ungarn saß, dass dieser Fürst ihn drängte, von einem indischen Hähnchen zu essen, ohne die Ablehnung zu achten, die dieser stetig zeigte. Und der Heilige, der sich zwischen dem Willen des Königs und der Pflicht befand, die Regel zu beachten, zu Gott betete und dieser ihn erhörte, so dass im gleichen Augenblick der Vogel zum Erstaunen aller Anwesenden aus den Blicken verschwand.

Mais il est évident que saint Gontier n'aurait point refusé d'acquiescer aux ordres du roi et que Dieu n'eût point fait un prodige pour le délivrer de la peine où il était si la Règle lui eût permis de manger des volailles.

Mais quand nous n'aurions pas ce prodige, serait-il juste de ruiner par un fait incertain, une pratique si autorisée, si constante et qui a toujours été d'un exemple et d'une édification si grande dans l'Église? Et posé que cet événement fût véritable, il ne faudrait point douter que Dieu n'eût fait connaître à saint Colomban[153] qu'il le dispensait de sa Règle et qu'il voulait qu'il use de ses dons, comme il fit autrefois à saint Pierre par ces paroles[154]: *Occide, et manduca,* en lui apprenant que les choses qu'il avait et permises et sanctifiées, ne devaient plus être estimées ni immondes ni illicites. C'est une circonstance personnelle de laquelle on ne peut tirer aucune induction, sinon que Dieu exempta saint Colomban dans cette rencontre de l'observation de la loi générale.

Il y en a qui disent qu'il semble que saint Benoît n'ait pas dû ne point permettre l'usage des oiseaux, puisqu'il permettait bien celui du poisson, et qu'il y a pour le moins autant de délicatesse et de sensualité à manger de ces grands poissons, de ces poissons frais, des turbots, des soles, des saumons, etc. qu'à manger des volailles et d'autres oiseaux.

Il est aisé de leur répliquer que saint Benoît n'a jamais entendu que ses disciples mangent de ces monstres ni qu'on leur servit des poissons qui engagent à la dépense, quoiqu'il n'ait pas absolument défendu l'usage du poisson.

[153] Colomban ou Gontier ???

[154] Ac c. 10, 13 / Apg 10,13: Schlachte und iss“ wurde Petrus gesagt, als er die Schale, gefüllt mit Tieren aller Art vom Himmel herabschweben sah.

Aber ist es offensichtlich, dass der hl. Gontier niemals abgelehnt hätte, den Befehlen des Königs zuzustimmen, und dass Gott kein Wunder gewirkt hätte, um ihn aus der akuten Zwangslage zu befreien, wenn die Regel ihm den Verzehr von Geflügel erlaubt hätte.

Aber selbst wenn wir dieses Wunder nicht hätten, wäre es denn recht, aufgrund unsicherer Fakten eine so erlaubte, so durchgängige Praxis zu zerstören, die in der Kirche auch immer ein Beispiel und von großer Erbauung war? Und angenommen, dass dieses Wunder wirklich stattfand, darf man keinesfalls zweifeln, dass Gott dem hl. Colomban[155] kundgetan hätte, ihn von seiner Regel zu entbinden, und wünschte, dass er seine Gaben nutze, wie er es früher beim hl. Petrus mit diesen Worte getan hat: *Occide, et manduca,* und ihn lehrt, dass die erlaubten und geheiligten Dinge weder als unrein noch unerlaubt angesehen werden dürfen. Das sind persönliche Umstände, aus denen man keine Schlüsse ziehen könnte, wenn nicht Gott den hl. Colomban bei dieser Begegnung von der Beobachtung des allgemeinen Gesetzes entbunden hätte.

Manchen scheint es, dass der hl. Benedikt den Genuss von Vögeln nicht erlauben musste, weil er den Fischgenuss guthieß, und weil es zumindest ebenso viel Leckerei und Sinnenlust beim Genuss dieser großen Fische, der frischen Fische, der Steinbutts, der Seezungen, der Lachse usw. gäbe, als beim Verspeisen von Geflügel und anderer Vögel.

Man kann ihnen leicht erwidern, dass der hl. Benedikt nie gehört hat, dass seine Schüler von diesen Monstern essen noch, dass man ihnen Fische vorsetzte, die Ausgaben verursachten, obwohl er den Genuss von Fisch nicht absolut verboten hat.

[155] evtl. ist hier das Wunder von St. Gontier gemeint ?

Mais son intention était qu'ils mangent des légumes, des herbes, de la bouillie ou tout au plus des poissons petits et communs, *pisciculos*, c'est le terme que l'on voit dans quelques Règles anciennes.

Et qu'il n'aurait pas manqué de condamner cet excès et cette superfluité, comme étant contraire à la pauvreté, à la simplicité et à la pénitence dont il voulait qu'ils fassent profession, ainsi que saint Bernard[156] l'a fait depuis en parlant du luxe et de la bonne chère des religieux de Cluny.

En un mot, saint Benoît a trouvé l'abstinence de la viande généralement établie; il y déroge par sa Règle en permettant aux infirmes de manger de la chair des animaux à quatre pieds, et il ne peut entrer raisonnablement dans la pensée de personne que la permission qu'il en a accordée, ne doive être prise au pied de la lettre et que ce qu'il n'a point expressément permis ne demeure défendu, comme il l'était auparavant. La permission qu'il donne est une restriction et non pas une abrogation de la loi. C'est une dispense qu'on ne peut regarder qu'en la manière qu'elle est exprimée, à moins qu'on veuille lui donner un sens qu'elle n'a point; et qu'elle ne peut avoir.

Ce serait inutilement qu'on nous dirait que les Solitaires dans les monastères, mangeaient les pieds et les extrémités de quelques animaux, car on sait qu'il y en a dont on peut user dans les jeûnes, même commandés par l'Église, sans violer l'abstinence, comme les loutres, des macreuses, des castors, des tortues, et autres semblables.

[156] S. Bern. Apol. / Hl. Bernhard

Seine Absicht war jedoch, dass sie Gemüse essen, Kräuter und Mus oder höchstens kleine und gewöhnliche Fische: *pisciculos* ist der Begriff, den man in einigen alten Regeln findet.

Und dass er sicher diese Auswüchse und diesen Überfluss als einen Widerspruch zu der von ihnen gelobten Armut, Einfachheit und Bußfertigkeit verurteilt hätte, ebenso wie es der hl. Bernhard getan hat, indem er über den Luxus und das Wohlleben der Mönche von Cluny sprach.

Kurz, der hl. Benedikt fand den Fleischverzicht allgemeinen etabliert; er weicht davon in seiner Regel ab, indem er den Kranken erlaubt, Vierfüßler - Fleisch zu essen und niemand kann vernünftigerweise auf den Gedanken kommen, dass die von ihm erteilte Erlaubnis nicht wortwörtlich genommen werden muss, und dass das nicht ausdrücklich Erlaubte nicht auch verboten bleibt wie zuvor. Die Erlaubnis, die er gibt, ist eine Einschränkung und keine Abschaffung des Gesetzes. Es ist eine Befreiung, die man nicht anders ansehen kann, als sie ausgedrückt ist, es sei denn, man will ihm eine Meinung unterstellen, die er nicht hatte und nicht haben kann.

Man braucht uns nicht zu sagen, dass die Einsiedler in den Klöstern Füsse und Extremitäten einiger Tiere essen, denn man weiß, dass man diese selbst im kirchlich gebotenen Fasten essen darf, ohne die Abstinenz zu verletzen, ebenso wie Otter, Enten, Biber, Schildkröten und ähnliche Tiere.

Mais peut-on mieux apprendre quel a été en cela l'esprit de saint Benoît que des saints Instituteurs de l'Ordre de Cîteaux? Dieu les choisit comme de nouveaux Esdras, pour rétablir la Règle de ce grand saint, qui n'était plus ni pratiquée ni connue, et pour faire revivre son esprit. Ils la reprirent à la lettre[157] et, nous l'avons déjà dit ailleurs, *Integre, pure et ad litteram.*

Ils rejetèrent tout sens et toute explication qui n'était pas conforme à sa pureté; ils commencèrent par renoncer à l'usage de manger de la graisse accordée par l'Assemblée d'Aix-la-Chapelle; ils établirent une abstinence rigoureuse et absolue, sans différence et sans distinction des volailles et des animaux à quatre pieds.

Il est porté par le quatrième Chap. des Instituts[158], que personne ne mange de la chair ou de la graisse, s'il n'est tout à fait infirme; ou que ce ne soit quelque artisan externe qui travaille au monastère[159]. *Intra monasterium nullus carne vescatur aut sagimine, nisi omnino, aut artifices conducti.* Cela est absolu et sans distinction.

Comme ce Statut a été renouvelé en plusieurs rencontres, il est défendu ailleurs, sous des peines et des punitions corporelles, que nulle personne de l'Ordre ne mange de la chair, hors de l'infirmerie, s'il n'est beaucoup malade, quand même un Évêque lui ordonnerait. *Nulla persona Ordinis nostri, extra infirmitoria nostra carnes comedat, etiam jussu alicujus Episopi vel Prælati.*

[157] Bernardus, De præcepto et dispensatione. c. 16: Ganz, unverfälscht und nach ihrem Buchstaben / (Bernhard, Über Gebot und Entpflichtung, Kap. XVI, 49)

[158] Sub Raynardo 3 Abbate Cist. temp s. Bern.

[159] Dans: „Cîteaux – Documents primitifs"; Cîteaux – Commentarii Cistercienses (1988); XIII, p. 128(latin) 129(francais) / In Citeaux – die ältesten Dokumente (Primitif = ursprünglich, Beginn-..usw) Im Kloster soll niemand Fleisch oder Fett essen, mit Ausnahme der wirklich Kranken und der angeworbenen Handwerker.

Kann man an irgendeinem Beispiel besser als bei den heiligen Gründern und Lehrern von Cîteaux den Geist hl. Benedikt erkennen? Gott wählte sie aus als neue Esdras[160], um die Regel dieses großen Heiligen, die nicht mehr praktiziert wurde noch bekannt war, wiederherzustellen um seinen Geist wieder aufleben zu lassen. Sie nahmen es buchstäblich und – wir haben es andernorts schon gesagt - *Integre, pure et ad litteram.*

Sie lehnten jeden Sinn und jede Deutung ab, die nicht mit seiner Reinheit im Einklang stand; sie begannen, auf den Genuss von Fett zu verzichten, was durch die Versammlung von Aachen bestätigt wurde; sie führten eine strenge, absolute Enthaltsamkeit von Geflügel und Vierfüßlern ein, ohne Unterschied und ohne Unterscheidung.

Er wird im vierten Kapitel der Institute überliefert, dass niemand Fleisch oder Fett isst, wenn er nicht sehr krank ist, oder es sich um einen externen Handwerker handelt, der im Kloster arbeitet. *Intra monasterium nullus carne vescatur aut sagimine, nisi omnino, aut artifices conducti.* Das gilt absolut und ohne Abstriche.

Da dieses Statut bei mehreren Zusammenkünften novelliert wurde, wird an anderer Stelle bei Strafen und körperlicher Züchtigung verboten, dass ein Ordensmitglied ausserhalb der Krankenstation Fleisch isst, wenn er nicht sehr krank ist, selbst entgegen der Anordnung eines Bischofs. *Nulla persona Ordinis nostri, extra infirmitoria nostra carnes comedat, etiam jussu alicujus Episopi vel Prælati.*

[160] „Sechstes Buch“, apokalyptischer Inhalt in älteren griechischen Bibelversionen

Quod si fecerit pro singulis vicibus, quibus carnes comederit, tribus diebus, sit in pane et aqua, et hanc pœnam, præcipienti dicat[161]: Et qu'aucun Abbé pour avoir été saigné, ou pour quelque autre occasion semblable, sans une maladie réelle, n'ait la hardiesse de manger de la chair. *Nullus etiam Abbas, pro minutione aut solatio, aut aliqua alia occasione, nisi sit ægrotus, carnes audeat manducare.*[162] Cela est absolu.

On lit une pareille défense sur le même sujet[163]; voici ce qu'elle contient. Que l'on observe inviolablement touchant l'usage de manger de la chair ou d'en servir, ce qui est prescrit par la Règle, à savoir: que nulle personne de l'Ordre ne mange de la chair hors de l'infirmerie, sous peine d'excommunication encourue *ipso facto*. S'il est officier, qu'il soit déposé, et qu'il ne puisse être promu à aucune autre charge sans la permission du Chapitre général. Que si un frère qui n'est point officier tombe dans cette faute, que pour chaque fois il soit privé pendant deux mois de l'habit régulier. Cela est encore absolu.

Il y a une constitution de Benoît XII, qui ayant été religieux de l'Ordre de Cîteaux, en connaissait parfaitement l'esprit et les observances. Il la donna pour remédier à des relâchements qui s'y étaient introduites. Voici comment il parle sur cet article[164]. Que les moines désormais, ou les Abbés, n'aient pas

[161] Nomast. Cist. I p. Inst. distinct. 13, c.1 / Nomast. Keine Person unseres Ordens darf außerhalb der Anordnung irgend eines Bischofs oder Vorgesetzten Fleisch essen. Wenn jemand dies getan hat, soll er sich für jedes Mal, wo er Fleisch gegessen hat, drei Tage lang mit Brot und Wasser begnügen, und diese Strafe soll er seinem Vorgesetzten sagen. – Abweichung Digitalisiert von Original Kopie
[162] Auch soll kein Abt es wagen, bei einem Aderlass (wörtl. zu einer <Bluts->Verminderung) oder zum Trost, oder aus irgendeinem anderen Anlass, Fleisch zu essen, es sei denn, dass er krank ist.
[163] Nomast. L. 2 vel dessi dist 13 c.1.
[164] Const. Bened. XII. Papæ c.11. Nomast. Cist. p. 602

Quod si fecerit pro singulis vicibus, quibus carnes comederit, tribus diebus, sit in pane et aqua, et hanc pœnam præcipienti dicat: Und damit kein Abt, wegen eines Aderlasses oder bei irgendeiner ähnlichen Gelegenheit, ohne wirklich krank zu sein, sich erkühnt Fleisch zu essen. *Nullus etiam Abbas, pro minutione aut solatio, aut aliqua alia occasione, nisi sit ægrotus, carnes audeat manducare.* Das ist absolut.

Man liest ein ähnliches Verbot zum selben Thema mit folgendem Inhalt: dass man die Regel betreffend den Genuss von Fleisch oder seine Anrichtung unverbrüchlich beobachtet, nämlich: dass aus dem Orden niemand Fleisch außerhalb der Krankenstation esse, bei Strafe der Exkommunizierung schon durch die Tat allein. Wenn er Oberer ist, dass er abgesetzt wird, und dass er ohne Erlaubnis des Generalkapitels zu keiner anderen Verantwortung berufen wird, Und wenn ein Bruder, der nicht Oberer ist, in diesen Fehler fällt, darf er für jeden Fall zwei Monate lang das übliche Habit nicht tragen. Das ist ebenfalls absolut.

Es gibt eine Konstitution von Benedikt XII, der als Mönch von Cîteaux dessen Geist und Observanzen genau kannte. Er hat sie erlassen um die Erleichterungen zurückzunehmen, die dort eingeführt worden waren. Hier seht ihr, was er zu diesem Punkt sagt: die Mönche wie auch die Äbte sollen sich

la hardiesse, contre ce qui est établi depuis si longtemps dans l'Ordre, de manger hors de l'infirmerie commune de la chair, ou des portions assaisonnées avec de la chair. Nous révoquons entièrement les permissions de manger de la chair que quelques Abbés de l'Ordre prétendent avoir obtenues du saint Siège Apostolique, comme des licences qui ne font que causer du scandale: *Autoritate præsentium firmiter inhibemus, ne deinceps Monachi aut Abbates, extra infirmitorium commune, carnes vel pulmenta cum carnibus condita, vel decocta, præsumant comedere contra observantiam dicti ordinis diutius ordinatam. Nos enim licentias, quas aliqui Abbates dicti Ordinis a sede Apostolica super esu carnium dicunt se habere, cum tales licentiæ redundent in scandalum aliorum, penitus revocamus.*[165]

Il ordonne ensuite, que chaque fois qu'un religieux, soit de chœur, soit convers, contreviendra à cette ordonnance et mangera quelle que sorte de viande, ou quel que pulment[166] que ce puisse être, cuit avec de la chair, il sera trois jours au pain et à l'eau et à la discipline régulière. Et que si l'Abbé néglige de faire observer ce règlement, il jeûnera au pain et à l'eau trois jours, comme s'il en avait mangé lui-même: *Tribus diebu, pro qualibet carnium, vel pulmentorum cum carnibus decoctorum comestione, jejunare in pane et aqua teneatur.*[167]

Tous ceux qui ont parlé de leur pénitence et de leur manière de vie, rapportent qu'ils s'abstenaient de manger de la graisse et de la chair:

[165] Mit der Vollmacht dieses unseres Schreibens verbieten wir streng, dass weiterhin Mönche oder Äbte außerhalb des gemeinsamen Krankensaales für sich in Anspruch nehmen, Fleischspeisen zu essen, oder Zukost, mit Fleisch gewürzt oder abgekocht, gegen die schon seit Längerem festgelegte Regel des besagten Ordens. Denn wir widerrufen voll und ganz die Genehmigungen, von denen einige Äbte des genannten Ordens sagen, dass sie diese bezüglich des Essens von Fleisch haben, weil solche Genehmigungen zum Ärgernis für andere führen

[166] cf. note plus haut, p. 14 la réponse à la question 2 de ce chapitre. / Verweis auf o.g. Fußnote, Antwort II in diesem Kapitel

von nun an nicht mehr unterstehen, entgegen der im Orden schon so lange bestehenden Übung außerhalb der allgemeinen Krankenstation Fleisch oder mit Fleisch gewürzte Gerichte zu essen. Wir heben die Erlaubnis, Fleisch zu essen, die einige Äbte des Ordens angeblich vom hl. apostolischen Stuhl erhalten haben, vollständig auf, es sind Erleichterungen, die außer Skandalen nichts bewirkt haben: *Autoritate præsentium firmiter inhibemus, ne deinceps monachi aut Abbates, extra infirmitorium commune, carnes vel pulmenta cum carnibus condita, vel decocta, præsumant comedere contra observantiam dicti Ordinis diutius ordinatam.Nos enim licentias, quas aliqui Abbates dicti Ordinis a sede Apostolica super esu carnium dicunt se habere, cum tales licentiæ redundent in scandalum aliorum, penitus revocamus.*

Er ordnet danach an, dass jedes Mal, wenn ein Mönch aus dem Chor, oder auch ein Konversbruder gegen diesen Beschluss verstößt und irgendeine Art Fleisch oder Fleischspeise oder etwas mit Fleisch Gekochtes verzehrt, dass dieser drei Tage auf Wasser und Brot gesetzt und der regelmäßigen Disziplin unterworfen wird. Und wenn es der Abt versäumt, diese Vorschrift durchzusetzen, hat er selbst drei Tage bei Wasser und Brot zu fasten, als ob er davon selbst gegessen hätte: *Tribus diebus pro qualibet carnium, vel pulmentorum cum carnibus decoctorum comestione, jejunare in pane et aqua teneatur.*

All jene, die über ihre Buße und Lebensweise gesprochen haben, berichten, dass sie sich enthielten, Fett und Fleisch zu essen:

[167] Er soll verpflichtet werden, sich an drei Tagen mit Wasser und Brot jeglichen Essens von Fleisch, oder von Zukost, mit Fleisch abgekocht, zu enthalten.

Ab adipe et carnium esu abstinent, dit Orderic Vital[168].

Guillaume de Malmesburg écrit[169] qu'on ne servait de la graisse et de la chair qu'aux seuls infirmes, *Saginem et carnes nunquam, nisi infirmes*.

Le Cardinal de Vitry assure la même chose: *Carnes autem, nisi gravi in infirmitate non manducant.*[170]

Il n'y a rien en tout cela qui ne soit général, on n'y remarque aucune distinction ni de la qualité, ni de l'espèce, ni de la nature des viandes. Cependant ces hommes avaient la mission de Dieu pour la rénovation de l'Ordre de saint Benoît, et on ne peut douter qu'ils ne s'y soient conduits selon ses sentiments et par son esprit.

Souvenez-vous, mes frères, que cette opinion que nous condamnons, n'a ni vérité ni fondement; qu'elle n'a d'autorité que dans quelques dérèglements particuliers qui sont arrivés de temps en temps dans cet Ordre; qu'il n'y en a point de plus propre pour y établir et fortifier l'impénitence, le relâchement, la licence; que c'est faire tort à saint Benoît de le croire capable d'avoir introduit ou approuvé une aussi grande mollesse dans l'Ordre monastique, qui jusqu'alors avait été si inconnue. Et qu'il n'y a rien qui convienne moins au témoignage que saint Grégoire a rendu de ce grand saint, quand il a dit qu'il était un excellent maître d'une vie très austère: *Arctissimæ vitæ optimus magister.*[171]

En voilà trop pour décider la difficulté et je ne pense pas que personne puisse croire qu'il ait été raisonnable de s'arrêter à des conjectures

[168] Lib 8. Eccl. Hist.; n° 82 „Documents primitifs“: Cîteaux:Commentarii Cisterciences; p. 212 (latin) / Sie enthalten sich des Essens von Fett und Fleisch.
[169] In Gest. Reg. Anglic. Liber 4. Hist. Occid. c.14 § 336, 7 Id.; p. 178 (latin) / Niemals Fett und Fleisch, es sei denn die Kranken.
[170] Sie essen aber kein Fleisch, es sei denn bei schwerer Krankheit.
[171] Ein großartiger Lehrmeister mit einer sehr strengen Lebensweise.

Ab adipe et carnium esu abstinent, sagt Orderic Vital.

Wilhelm von Malmesburg schrieb, dass man nur den Kranken Fett und Fleisch anrichten darf. *Saginem et carnes nunquam, nisi infirmes.*

Der Kardinal von Vitry bestätigt Dasselbe: *Carnes autem, nisi gravi in infirmitate non manducant.*

Dies alles ist sehr allgemein; man bemerkt dabei keine Unterscheidung nach der Qualität, noch der Art, noch der Natur des Fleisches. Doch hatten diese Männer von Gott die Aufgabe, den Orden des hl. Benedikt zu erneuern, und man kann nicht zweifeln, dass sie dabei nach seinem Empfinden und durch seinen Geist geführt wurden.

Bedenkt, meine Brüder, dass diese Meinung, die wir verurteilen, weder Wahrheit noch Grundlage besitzt; dass sie Autorität nur in einigen besonderen Erleichterungen hat, die von Zeit zu Zeit in diesen Orden eingeführt wurden; dass es nichts Geeigneteres gibt, um dort die Verstocktheit, das Erschlaffen und die Beliebigkeit einzuführen und zu verstärken; und dass man dem hl. Benedikt Unrecht tut, wenn man ihm unterstellt, er sei fähig gewesen, eine so große Verweichlichung in den Orden eingeführt oder gebilligt zu haben, die bis dato derart unbekannt war. Und dass nichts weniger zum Zeugnis des hl. Gregor über diesen großen Heiligen passt, in dem er sagte, dass er ein hervorragender Meister eines sehr strengen Lebens sei: *Arctissimæ vitæ optimus magister.*

Das ist mehr als genug, um in dieser Schwierigkeit zu entscheiden und ich denke, dass niemand von Vernunft wird denken, sich mit unsicheren

incertaines et à des raisons imaginées, au préjudice de tant de témoignages d'un si grand poids.

Question V

Par où connaît-on que nos premiers Pères aient vécu dans cette grande austérité, dont il ne reste plus aucun vestige dans l'Ordre?

Réponse

C'est dans les premiers Statuts de l'Ordre et dans les témoignages qu'en ont rendu les écrivains dignes de foi, qu'on a conservé la mémoire de la pénitence de ces parfaits solitaires.

Nous lisons dans l'Épître que saint Bernard écrivit[172] à son neveu pour lui persuader de quitter la Congrégation de Cluny et de revenir dans Clairvaux, qui était le lieu de sa première profession, quelle était la vie qu'on menait dans ce célèbre monastère. Il ne faut à celui qui a faim, dit ce grand homme, qu'un peu de sel pour tout assaisonnement... La faim donne du goût et de la douceur aux viandes qui n'en ont point. Les herbes, les légumes, la bouillie, le gros pain avec de l'eau, son à dégoût à un homme qui vit dans la paresse. Mais ce sont comme des délices à ceux qui vivent dans l'exercice et dans le travail. Si vous travaillez autant que votre profession vous y oblige, il n'y a point de viande que vous ne mangiez avec plaisir. Saint Bernard qui voulait rappeler son neveu dans son premier monastère, lui représentait simplement ce qui s'y pratiquait et il n'avait garde de lui en faire l'austérité plus dure qu'elle n'était.

[172] SBO Ep. 1

Vermutungen und eingebildeten Gründen und Vorurteilen aufzuhalten, wenn es Zeugnisse von so großem Gewichte gibt.

Frage V

Woher weiss man, dass unsere Altväter so entbehrungsreich gelebt haben, obwohl es im Orden keinerlei Vermächtnis davon gibt?

Antwort

In den ersten Statuten des Ordens und in den Zeugnissen, die glaubwürdige Schreiber davon gegeben haben, ist das Andenken an die Bußfertigkeit dieser vollkommenen Einsiedler bewahrt worden.

Wir lesen im Brief, den der hl. Bernhard seinem Neffen schrieb, um ihn zur Rückkehr aus der Kongregation von Cluny nach Clairvaux, dem Ort seines ersten Gelübdes, zu bewegen, wie das Leben war, das man in diesem berühmten Kloster führte. Dem Hungrigen, so sagt dieser große Mann, reicht ein wenig Salz als Gewürz völlig aus... Der Hunger gibt selbst dem faden Fleisch Geschmack und Zartheit. Die Kräuter, das Gemüse, die Brühe, das grobe Brot mit Wasser sind ekelhaft für einen Menschen, der im Müßiggang lebt. Aber es sind Delikatessen für jene, die in Mühe und Arbeit leben. Wenn ihr nach der Vorschrift eurer Gelübde arbeitet, werdet ihr Fleisch nicht mit Vergnügen essen. Der hl. Bernhard, der seinen Neffen an sein erstes Kloster erinnern wollte, stellte ihm einfach vor, was man dort praktizierte, und er hütete sich, ihm die dortige Enthaltsamkeit strenger darzustellen, als sie war.

Guillaume de saint Thierry rapporte[173] dans la vie qu'il a écrite de saint Bernard , que souvent on a mangé dans Clairvaux des portions faites avec des feuilles de hêtre; que le pain était comme celui du prophète, c'est-à-dire d'orge ou de millet ou bien de vesce: qu'il passait être de terre, plutôt que de son et que la terre de ce désert stérile qu'ils avaient défrichée de leurs mains, avait peine à le produire; que le reste de leur nourriture était quelque chose de si mauvais, qu'il n'y avait que la faim et l'amour qu'ils avaient pour Jésus Christ qui la rendit supportable.

Étienne, évêque de Tournay écrit[174] que leur frugalité était si grande qu'ils se contentaient de deux pulments, qu'on préparait ou avec des herbes qui croissaient dans le jardin, ou avec des légumes qu'ils recueillaient dans les champs.; et que le poisson, on n'en voyait non plus dessus leurs tables, qu'on n'y en entendait. Le cardinal de Vitry, qui écrivait[175] plus de cent ans après la fondation de cet Ordre, dit que de son temps, ils mangeaient rarement du poisson, du fromage, du lait et des œufs. Et que si quelquefois ils en usaient, c'était comme de quelque viande extraordinaire.

On voit cette même austérité dans une lettre que le bienheureux Fastrède troisième Abbé de Clairvaux écrivit à un Abbé de l'Ordre qui s'était éloigné de la pénitence commune: „Était-ce là la vie, lui dit-il, que notre Père et notre prédécesseur Bernard d'heureuse mémoire, nous a enseignée?

[173] Guillel. Ab. s. Theodor.; in vit s. Bernard. cap. 5, n° 25 Œuvres de s. Bernard; Dion, Tome VIII p. 25

[174] In Ep. ad Hug. Abb. Pontinig.

[175] In Hist. Occid. c. 14

Wilhelm von Saint-Thierry berichtet in seiner Vita des hl. Bernhard, dass man in Clairvaux oft Speisen aus Buchenblättern gegessen habe; dass das Brot dasjenige des Propheten war, also aus Gerste oder Hirse oder gar aus Wicken: dass das Brot eher aus Erde als aus Kleie war und dass dieser karge Wüstenboden, den sie mit ihren Händen urbar gemacht hatten, es kaum hervorbringen konnte; dass ihre übrige Nahrung so miserabel war, dass nur der Hunger und ihre Liebe zu Jesus Christus sie erträglich machten.

Stephan, der Bischof von Tournay schreibt, dass ihre Genügsamkeit so groß war, dass sie sich mit zwei Portionen Getreidebrei zufrieden gaben, die man mit Garten-Kräutern oder mit auf den Feldern gesammeltem Gemüse zubereitete; und dass man Fisch auf ihrem Tisch weder jemals sah noch davon hörte. Der Kardinal von Vitry schrieb mehr als hundert Jahre nach jener Ordensgründung, dass sie zu seiner Zeit selten Fisch, Käse, Milch oder Eier aßen. Und wenn sie denn davon aßen, dass dies für sie eine ganz besondere Nahrung war.

Man sieht diese selbe Strenge in einem Brief, den der selige Fastradus, der dritte Abt von Clairvaux, an einen Abt des Ordens schrieb, der sich von der üblichen Bußfertigkeit entfernt hatte: „War dies das Leben“, sagt er ihm, „das unser Vater und Vorgänger Bernhard seligen Angedenkens uns gelehrt hat?

Est-ce ainsi que vivent les Abbés es les moines de notre saint Ordre, qui nous ont donné pour toute nourriture du pain d'avoine, des herbes cuites sans huile, sans beurre, et des pois et de fèves même le jour de Pâques, laquelle austérité ou une semblable, se garde encore aujourd'hui dans tous les monastères de l'Ordre[176]?

Il est porté dans leurs anciens statuts[177] qu'on ne fera point de pain blanc, si ce n'est pour les infirmes, ou pour les hôtes; que celui de la communauté[178] doit être bis, passé au crible ou par le sas, au cas qu'il ne fût pas de froment.

Il est défendu par plusieurs Constitutions[179] de manger de la viande, ou d'en servir aux personnes de dehors, sous peine d'excommunication, de déposition, ou d'autres rigoureux châtiments.

Il est aussi défendu[180] aux religieux qui sont en voyage, de manger du poisson, de même qu'aux Abbés et aux religieux qui venaient au Chapitre Général. Et on lit que des Abbés ont été mis en pénitence[181] pour avoir fait donner aux frères des pitances de fromage le vendredi.

Il est aisé de juger par toutes ces différentes preuves, qu'il n'y a rien qui ne soit véritable dans ce que nous avons avancé de l'austérité des religieux de Cîteaux. Et que le relâchement dans lequel ils vivent présentement, n'empêche pas que leur Institut n'ait été formé dans une pénitence très austère.

176 Fastrede apud s. Bern.
177 Nomast. Cist. lib. de Instit. c. 14.
178 Antiq desi. D etc.ist. 13. c. 2
179 Libel. nouvel. defin dist 13. c.
180 Lib. 1. Instit distin. 5. c. 23
181 Cap. gen. An. 1190.

Leben so die Äbte und Mönche unseres hl. Ordens, die uns als einzige Nahrung Haferbrot gaben, ohne Öl oder Butter gekochte Kräuter, Erbsen und Pferdebohnen selbst am Ostertag, und sich diese oder eine ähnliche Strenge auch heute noch in allen Klöstern des Ordens hält?

In ihren alten Statuten wird berichtet, dass man niemals weißes Brot herstellt, außer für die Kranken oder Gäste; während es für die Gemeinschaft grau sein soll, mit Sieb oder Luftgebläse gereinigt, wenn es nicht aus Weizen ist.

Mehrere Konstitutionen verbieten es bei Strafe der Exkommunikation, des Ausstoßens oder anderer strenger Strafen, Fleisch zu essen oder externen Personen davon zu geben.

Auch den Ordenleuten, die auf Reise sind, ist es verboten, Fisch zu essen, ebenso wie den Äbten und den Ordensleuten, die zum Generalkapitel kamen. Und man liest, dass Äbten Bußen auferlegt wurden, weil sie den Brüdern am Freitag eine Käsesuppe gegeben hatten.

Durch all diese verschiedenen Beweise kann man leicht beurteilen, dass alles echt ist, was wir über die Strenge der Mönche von Cîteaux vorgebracht haben. Und dass die Nachlässigkeit, in der sie jetzt leben, nicht ungeschehen macht, dass ihr Institut mit einer sehr strengen Bußpraxis gegründet wurde.

Question VI

Quelles raisons ont eu les Saints pour vivre dans une si grande pénitence?

Réponse

Il y aurait plus de sujet de demander, mes frères, quelles raisons ont eu les hommes qui ont succédé aux Saints, de s'en dispenser! Les disciples peuvent bien dans les choses qui sont purement humaines et naturelles, s'éloigner des opinions de leurs Maîtres, parce qu'ils peuvent les surpasser en lumières, en capacité, et en doctrine.

Mais les œuvres qui sont de Dieu, et qui doivent s'établir et se conduire par son esprit, c'est sans doute une grande hardiesse à des hommes du commun de s'écarter du sentiment des saints qui ont été ses organes et ses ministres, de négliger leurs maximes et d'abolir ce qu'ils ont établi et observé avec tant de soin et de religion. Or, comme les Observances monastiques sont véritablement des ouvrages de la grâce, des effets de la miséricorde, et que ceux dont il a plu à Dieu de se servir pour les instituer, n'ont fait autre chose que de nous déclarer ses volontés; ne doit-on pas trouver étrange que l'on renverse toute leur conduite, et que l'on considère comme des inventions inutiles ces pratiques saintes qui ont été dans leurs temps – et sont encore dans celui-ci – la sanctification de l'Église?

Frage VI

Welche Gründe hatten die hl. Urväter für ein Leben in solch großer Bußfertigkeit?

Antwort

Es gäbe, meine Brüder, mehr Anlass die Frage zu stellen, welche Gründe die Nachfolger der Heiligen hatten, sich davon zu lösen! Schüler können sich sehr wohl in den Dingen, die rein menschlicher Natur sind, von den Ansichten ihrer Lehrer entfernen, weil sie diese an Wissen, Begabung und Gelehrsamkeit übertreffen können.

Aber was die göttlichen Werke angeht, die durch Seinen Geist entstehen und geleitet werden müssen, so liegt zweifellos eine große Verwegenheit bei den Ordensleuten vor, die sich vom Standpunkt der Heiligen entfernen, die ganz in Seinem Dienst standen, wenn sie deren Grundsätze vernachlässigen und das zerstören, was jene mit soviel Sorgfalt und Hingabe eingerichtet und befolgt haben. Da nun die klösterlichen Observanzen wahrhaft Werke der Gnade und Früchte der Barmherzigkeit sind und weil diejenigen, die in Dienst zu nehmen Gott gefallen hat, um sie ins Leben zu rufen, nichts anderes gemacht haben als uns Seinen Willen zu bekunden, muß man es dann nicht als seltsam empfinden, dass man ihre ganze Lebensführung auf den Kopf stellt und jene heiligen Übungen als unnütze Erfindungen betrachtet, die zu ihrer Zeit – und sie sind es auch noch in der unseren - die Heiligung der Kirche darstellten?

Mais pour répondre à la question que vous me faites, je vous dirai: Premièrement, que les saints qui étaient remplis d'une foi vive et d'une charité ardente, vivaient dans la vue comme dans le désir des choses futures, et qu'ayant incessamment devant les yeux les peines et les félicités éternelles, ils passaient chaque jour de leur vie, comme nous voudrions avoir passé celui qui doit être le dernier de la nôtre. Ces paroles de Jésus Christ: „Faites pénitence, car le Royaume des Cieux est proche[182]„„ frappaient incessamment les oreilles de leur cœur. Et comme ils savaient que le même Jésus Christ nous apprend que c'est la guerre violente qu'on se fait sans cesse à soi-même par la pénitence qui nous ouvre les portes de ce Royaume, …*violenti rapiunt illud*[183], un de leurs principaux soins était de crucifier leur chair, de mortifier leurs sens et de se procurer des tourments et des peines volontaires.

Ce sentiment dans lequel ils étaient que tout ce qu'ils pouvaient endurer, n'avait rien qui fût digne de la gloire qui devait couronner leurs travaux[184], faisait que plus ils souffraient, plus leur désir de souffrir s'augmentait; et qu'il n'y avait que leur impuissance et l'ordre de Dieu tout seul qui fût capable de borner leurs souffrances. C'était là l'esprit des saints que la Providence a fait naître pour la fondation des Ordres monastiques. Ceux qui les ont suivis et qui ont hérité de leur piété et de leur foi, aussi bien que de leur nom et de leurs monastères, ont persévéré dans ces dispositions. Et il est certain que pendant que les moines ont été saints, ils n'ont jamais manqué d'aimer la pénitence.

[182] Mt 4, 17
[183] Mt 11, 12 /…die Gewalttätigen reißen es an sich.
[184] Rm 8, 18 / Röm 8,18

Um nun aber auf eure Frage zu antworten, sage ich euch: erstens, dass die Heiligen, die von lebendigem Glauben und glühender Liebe erfüllt waren, mit dem Blick und in dem Verlangen auf die zukünftigen Dinge lebten und, da sie ständig die ewigen Qualen und die ewigen Freuden vor Augen hatten, jeden Tag ihres Lebens so verbrachten, wie wir den letzten unserer Tage verbracht haben möchten. Jesu Christi Worte: ‚Tut Buße, denn das Himmelreich ist nahe' schlugen ständig an die Ohren ihres Herzens. Und da sie wussten, dass derselbe Jesus Christus uns lehrt, dass es der heftige Krieg ist, den wir durch unsere Buße gegen uns selbst führen, der uns die Tore zu diesem Reich öffnet, *..violenti rapiunt illud*, war es eine ihrer Hauptaufgaben, ihr Fleisch zu kreuzigen, ihre Sinne abzutöten und sich Qualen und Schmerzen zuzufügen.

Sie empfanden, dass all das, was sie erdulden konnten, nicht der Ehre würdig war, die ihre Mühen krönen sollte, und es bewirkte dass ihre Leidenssehnsucht stieg, je mehr sie litten; und dass nur ihr Unvermögen und der Wille Gottes ganz allein in der Lage waren, ihre Leiden zu begrenzen. Es war der Geist der Heiligen, welche die Vorsehung dort zur Ordensgründung auf die Welt kommen ließ. Jene, die ihnen gefolgt sind und die ihre Frömmigkeit und ihren Glauben ebenso erbten wie ihren Namen und ihre Klöster haben in dieser Bestimmung ausgeharrt. Und es ist sicher, dass in der Zeit wo die Mönche heilig waren, sie die Buße immer hoch schätzten.

Secondement, les véritables solitaires dont l'unique occupation dessus la terre était de penser à Jésus Christ, et de l'aimer, qui considéraient sans cesse que ce repos sacré, duquel ils jouissaient dans leur solitude, était le fruit de ses travaux et de ses douleurs, et que les déserts ne leur produisaient des grâces et des bénédictions si abondantes, que parce qu'il les avait rendu fertiles en les arrosant de son sang, avaient l'âme tout pénétrée de reconnaissance et d'amour. Ils cherchaient avec une impatience sainte les occasions et les moyens de lui en donner des marques. Ils lui avaient déjà sacrifié toutes les choses du monde en le quittant; mais ils voulaient encore se sacrifier eux-mêmes. Et c'est pour cela qu'ils embrassaient avec tant d'ardeur les jeûnes, les veilles, les fatigues, et tous les autres exercices d'une vie pénitente et laborieuse; qu'ils renonçaient à tout, autant qu'il leur était possible dans une chair mortelle; et qu'ils se refusaient avec plaisir les choses qu'une charité moins enflammée que la leur aurait estimé nécessaires à la conservation de la vie.

Que s'ils s'en accordaient quelques unes, dans l'envie qu'ils avaient de s'immoler et de se détruire, c'était parce qu'ils croyaient qu'ils ne pouvaient pas s'en priver, sans contrevenir aux ordres de Dieu, et sans lui déplaire. Et néanmoins, quelques grandes que fussent leurs austérités, ces hommes incomparables n'avaient garde d'être satisfaits d'eux-mêmes; ils trouvaient des attraits si puissants dans la Croix de Jésus Christ, et le désir qu'ils avaient de s'y attacher et de le suivre dans ses souffrances était si violent que, comptant pour rien ce qu'ils pratiquaient de plus austère, ils

Zweitens: Ganz beseelt von Dankbarkeit und Liebe waren die echten Einsiedlermönche, deren einzige Beschäftigung auf Erden darin bestand, die Gedanken auf Jesus zu richten und ihn zu lieben, und die ohne Unterlass daran dachten, dass diese heilsame Ruhe, die sie in ihrer Einsamkeit genossen, die Frucht Seiner Mühen und Seiner Schmerzen ist, und dass die Einöden für sie nur deshalb solche überreichen Gnaden und Segen hervorbringen, weil Er sie mit Seinem Blut getränkt und fruchtbar gemacht hat. Mit heiliger Ungeduld suchten sie Gelegenheiten und Mittel, davon Zeugnis zu geben. Sie hatten Ihm schon, indem sie die Welt verließen, alle irdischen Güter geweiht, aber sie wollten Ihm auch sich selbst weihen. Eben deshalb nahmen sie mit solch glühendem Eifer das Fasten, das Wachen, die Strapazen und all die anderen Übungen eines arbeitsamen Büßerlebens auf sich; und deshalb verzichteten sie auf alles, soweit es ihnen in ihrem sterblichen Leib möglich war; und deshalb wiesen sie freudig die Dinge zurück, die eine weniger entflammte Liebe als die ihrige zu den lebensnotwendigen gezählt hätte.

Und wenn einige von ihnen in ihrem Verlangen übereinstimmten, sich aufzuopfern und hinzugeben, dann geschah dies weil sie glaubten, dass sie sich (des Lebens) nicht berauben durften, ohne dem Befehl Gottes zuwider zu handeln und ohne Ihm zu missfallen. Und dennoch, so groß ihre Strenge auch war, diese unvergleichlichen Männer hüteten sich, selbstzufrieden zu werden; sie waren vom Kreuz Jesu Christi derart angezogen, und ihr Verlangen, ihm anzuhangen und in seinen Leiden zu folgen, war derart mächtig, dass sie, indem sie das, was sie mit äußerster Strenge praktizierten,

condamnaient comme une conduite molle et relâchée, ce que les hommes regardaient en eux, comme une pénitence excessive.

Troisièmement, peut-on douter, mes frères, que la connaissance que les saints avaient de la vérité de leur état, et le sentiment que Dieu leur avait donné de leurs devoirs, ne les portait pas à marcher par des voies dures, et à chercher des genres de vie pénibles et difficiles? Ils savaient qu'ils n'étaient pas seulement redevables à la justice de Dieu de leurs propres offenses, mais qu'ils étaient chargés des péchés de tout un monde. Que les hommes les regardaient comme ceux qui devaient leur rendre sa miséricorde favorable et que leur profession ne les obligeait pas à moins qu'à s'occuper par des larmes, des travaux et des austérités continuelles, à réconcilier la terre avec le ciel.

S'ils se considéraient eux-mêmes, l'idée qu'ils avaient de l'excellence de leur condition, et de la Majesté de Dieu qu'ils avaient offensée, faisait qu'ils ne connaissaient point en eux de fautes si petites, qu'ils ne croyaient les devoir expier par de grands châtiments.

Que s'ils jetaient les yeux du côté du monde, cette désolation si générale, ce déluge de maux et de crimes si universel, échauffait leur charité, animait leur zèle et il n'y avait rien de dur et de rigoureux, pourvu qu'il leur parût possible, à quoi ces hommes tout divins ne se portaient pour balancer auprès de Dieu l'iniquité du monde, et pour détourner les justes et redoutables effets de sa colère.

für nichts erachteten und gerade jenes als verweichlichte, erholsame Lebensführung missbilligten, was die Leute bei ihnen als übertriebene Buße ansahen.

Drittens, kann man zweifeln, meine Brüder, dass das Wissen um die Wahrheit ihres Standes und die Auffassung, die Gott ihnen über ihre Pflichten gegeben hatte, sie zum Beschreiten des harten Weges brachte, dazu, sich schmerzvolle und schwierige Lebensformen zu suchen? Sie wussten, dass sie nicht nur wegen ihrer eigenen Sünden der Gerechtigkeit Gottes gegenüber in Schuld standen, sondern dass sie die Sünden der ganzen Welt auf ihren Schultern trugen. Dass die Menschen sie als diejenigen betrachteten, die ihnen Seine wohlwollende Barmherzigkeit verschaffen sollten, und dass ihr Gelübde zu nichts weniger verpflichtet, als durch ihre Tränen, Mühen und ständige Entbehrungen die Erde mit dem Himmel zu versöhnen.

Wenn sie auf sich selbst schauten, brachte sie ihre Ansicht von der Außerordentlichkeit ihres Zustandes und der Majestät Gottes, den sie beleidigt hatten dazu, selbst den kleinsten bei sich erkannten Fehler mit schweren Kasteiungen abzubüssen.

Und wenn sie die Augen zur Welt wendeten, dann feuerte diese so allgemeine Verzweiflung, diese universelle Sintflut von Übeln und Verbrechen ihre Barmherzigkeit an, belebte ihren Eifer und nichts war zu hart und zu streng, sofern es ihnen möglich schien, was diese ganz Gott ergebenen Menschen nicht auf sich nahmen, um das Unrecht der Welt bei Gott auszugleichen, die gerechten und furchtbaren Wirkungen seines Zorns abzuwenden.

Ils entreprenaient des jeûnes et des abstinences sévères pour ceux qui vivaient dans la sensualité et dans les excès de la bouche; ils passaient les nuits dans les veilles et dans la prière pour ceux qui les passaient dans la paresse ou dans les plaisirs; ils gardaient un silence et une solitude exacte pour ceux qui se perdaient dans le commerce du monde et qui, par un mauvais usage de la parole, se faisaient à eux-mêmes aussi bien qu'aux autres, des blessures mortelles. Ils souffraient la pauvreté et le mépris pour ceux qui recherchaient les richesses et les honneurs; ils se livraient à toutes sortes de fatigues, de peines et de rigueurs pour ceux qui s'abandonnaient aux passions et aux voluptés criminelles. Enfin, ces véritables adorateurs, à l'imitation de Jésus Christ, offraient à Dieu une hostie de pénitence pour les péchés des hommes, et honoraient sa sainteté par des actions de piété et de religion contraires aux crimes et aux dérèglements dont ils voyaient qu'elle était si généralement déshonorée.

Quatrièmement, les saints solitaires savaient que l'état auquel la vocation de Dieu les avait engagés, demandait d'eux une pureté parfaite et que toute la fin de leur profession était de tendre à une piété consommée.

Et comme ils n'ignoraient pas que la concupiscence de la chair est ce qui s'oppose davantage à l'accomplissement de nos meilleurs desseins; qu'il n'y a rien de si élevé et de si affermi qu'elle n'attaque; que les résolutions les plus constantes sont ébranlées par sa violence et par son opiniâtreté; et que souvent elle a jeté la confusion et le scandale dans les lieux et dans les âmes qui semblaient être le plus à couvert de ses efforts, il n'y a rien aussi qu'ils

Sie nahmen strenges Fasten und Enthaltsamkeit auf sich für jene, die in der Sinnlichkeit und den Ausschweifungen des Mundes lebten; sie verlebten die Nächte in Wachen und Beten für jene, die diese müßig oder mit Vergnügungen verbrachten; sie wahrten Stille und strenge Einsamkeit für jene, die sich in den Händeln der Welt verloren, und die durch falsche Reden sich selbst ebenso wie anderen tödliche Verletzungen zufügten. Sie litten Armut und Verachtung für jene, die Reichtümer und Ehre suchten; sie lieferten sich Ermüdungen, Leiden und Strenge aller Art aus für jene, die sich den Leidenschaften verbrecherischer Sinnenfreuden hingaben. Schließlich boten diese echten Verehrer der Nachfolge Jesu Christi Gott ein Opfer an zur Buße für die Sünden der Menschen und ehrten Seine Heiligkeit durch Taten der Frömmigkeit und Religion, im Gegensatz zu den Verbrechen und der Unordnung, mit denen sie diese im Allgemeinen entehrt sahen.

Viertens wussten die hl. Einsiedler, dass der Stand, in den sie Gottes Berufung versetzt hatte, von ihnen vollkommene Reinheit verlangte und dass das ganze Ziel ihres Gelübdes darin bestand, nach vollkommener Frömmigkeit zu streben.

Und da ihnen bewusst war, dass das Begehren des Fleisches sich der Verwirklichung unserer besten Absichten besonders widersetzt; nichts ist zu hoch und nichts so gefestigt, dass es nicht angegriffen würde; dass die festesten Vorsätze durch seine Gewalt und Hartnäckigkeit erschüttert werden; und dass Verwirrung und Skandal oft an solchen Orten und in solchen Seelen gestiftet werden die vor seinen Bemühungen am meisten

ne faisaient pour en arrêter les mouvements et en réprimer les saillies, et ils n'y a point de moyen dont ils ne se sont servis pour la détruire ou pour l'affaiblir de telle sorte que cette loi de la chair, dont se plaignait le saint apôtre[185], ne soit plus capable de troubler ni d'empêcher l'exercice de la loi de la grâce. C'est pour cela qu'à l'exemple de ce grand saint, ils travaillaient sans relâche à l'assujettissement de leurs corps par les austérités, par les mortifications des sens, et par la privation de tout ce qui pouvait en nourrir les dérèglements et les passions; et la connaissance qu'ils avaient de l'inconstance et de la malignité du cœur humain, les avait persuadés qu'un solitaire ne pouvait ni conserver ni acquérir la sainteté de son état, à moins de marcher dans des voies resserrées, de contenir la nature dans une pénitence exacte, de combattre ses inclinations et de résister avec une rigueur inflexible à toutes ses pentes.

Enfin, mes frères, de quelque côté qu'un solitaire jette sa vue, il n'a que trop de motifs et de considérations qui le pressent de se consacrer à la pénitence. S'il regarde la sévérité des jugements de Dieu, il n'y a rien qu'il n'entreprenne pour racheter par des peines de peu de moments des malheurs éternels. Si ses miséricordes se présentent à lui, toute sa consolation est d'effacer par des châtiments rigoureux ce qui pourrait en empêcher ou en différer les effets. S'il fait attention sur ce fonds de misères, dont une condition mortelle ne peut être exempte, il se plaint de voir prolonger son

[185] Rm 7, 23-24 / Röm 7,23-24

geschützt scheinen; deshalb liessen sie auch nichts unversucht, um seine Regungen einzudämmen und seine Angriffe zu unterdrücken, und sie ließen nichts unversucht, es zu zerstören oder so zu schwächen, dass dieses Gesetz des Fleisches, über das der heilige Apostel klagte, nicht mehr die Wirkung des Gesetzes der Gnade zu stören oder zu verhindern vermöchte. Deswegen haben sie nach dem Beispiel dieses großen Heiligen ohne Unterlass gearbeitet an der Unterjochung ihrer Leiber durch die Entbehrungen, durch die Abtötuungen der Sinne und durch Verzicht auf alles was Unordung und Leidenschaften nähren konnte; ihr Wissen um die Unbeständigkeit und Bosheit des menschlichen Herzens hatte sie davon überzeugt, dass ein Einsiedler die Heiligkeit seines Standes weder erwerben noch bewahren kann, außer er beschreitet enge Pfade, zwingt seine Natur zu strikter Busse, bekämpft seine Leidenschaften und leistet mit unbeugsamer Härte jedem Hang zur Sünde Widerstand.

Schließlich, meine Brüder, wohin auch immer ein Mönch seine Augen richtet, erhält er nur allzu viele Anstöße und Beweggründe, die ihn dazu drängen, sich ganz der Buße zu widmen. Wenn er die Strenge der Gottesurteile in Erwägung zieht, unternimmt er alles, um durch die Mühen weniger Augenblicke die Welt von ewigem Unheil freizukaufen. Wenn Seine (Jesu) Taten der Barmherzigkeit sich ihm vor Augen stellen, besteht sein ganzer Trost darin, durch strenge Bußübungen aus dem Weg zu räumen, was ihre Wirkungen verhindern oder aufschieben könnte. Wenn er seine Aufmerksamkeit lenkt auf jenen Bestand an Elendigkeiten, von denen eine sterbliche Natur nicht frei ist, klagt er über jede Verlängerung der irdischen

pèlerinage, et trouve que son âme est trop longtemps dans cette terre étrangère: *Heu mihi, quia incolatus meus prolongatus est!...multum incola*[186] *fuit anima mea*, et il embrasse avec ardeur toutes les austérités saintes qui peuvent en raccourcir la durée.

S'il s'élève et considère Jésus Christ dans la gloire et dans la splendeur des ses saints, son âme est aussitôt ravie par la violence de ses désirs, et il s'écrie avec le prophète: *Educ de custodia animam meam ad confitendum nomini tuo: me expectant justi, donec retribuas mihi*[187]. „Seigneur, faites sortir mon âme de sa prison, vos saints attendent avec impatience que vous me rendiez participant de leurs couronnes". Et il s'estime heureux de ce qu'il y a dans sa condition tant de moyens innocents qui peuvent abréger une vie que le sépare de son bonheur.

Il ne faut donc pas s'étonner, mes frères, si dans les siècles passés, les saints ont vécu une pénitence qui paraît excessive; mais plutôt de ce qu'il se trouve en celui-ci des moines assez aveugles dans leurs propres devoirs, pour ignorer que la vie d'un moine est la vie d'un pénitent, c'est-à-dire d'un homme qui étant entièrement mort au monde, n'y a plus ni d'affaires ni d'occupation, que celle de s'attacher comme un crucifié à la croix de Jésus Christ et de s'abandonner à toutes sortes de douleurs, de mortifications et de souffrances.

[186] Ps. 119, 5-6 / Ps 120 5-6 (Vulg.) Weh mir, dass mein Aufenthalt in der Fremde so lange dauert....Zu lange schon ist meine Seele ein Fremdling.
[187] Ps 141, 8 / 142, 8 8 (Vulg.) Führe meine Seele aus dem Kerker, damit ich deinen Namen preise. Den Ausgang meiner Sache erwarten die Gerechten, bis du mir vergiltst. *(Anm. d. Übers.: Die abweichende Zählung beruht auf der deutschen Einheitsübersetzung, die sich am hebräischen Text orientiert)*

Pilgerschaft. Er findet, dass seine Seele sich zu lange auf dieser fremden Erde aufhält: *Heu mihi, quia incolatus meus prolongatus est!...multum incola fuit anima mea*, und nimmt mit glühendem Eifer alle heilsamen und strengen Bußübungen auf sich, um die Dauer abzukürzen.

Wenn er den Blick nach oben richtet und Jesus Christus in seiner Glorie und im Glanz seiner Heiligen betrachtet, ist seine Seele sofort erfüllt von heftigem Verlangen: *Educ de custodia animam meam ad confitendum nomini tuo: me expectant justi, donec retribuas mihi.* „Führe meine Seele hinaus aus dem Kerker, damit ich deinen Namen preise. Die Gerechten scharen sich um mich, weil du mir Gutes tust“. Er schätzt sich glücklich darüber, dass es bei seiner Lebensart so viele unschuldige Mittel gibt, ein Leben abzukürzen, welches ihn von seinem Glück trennt.

Man darf sich, meine Brüder, nicht darüber wundern, dass die Heiligen in den vergangenen Jahrhunderten ein Büßerleben geführt haben, das den Rahmen des Normalen sprengt. Eher muß man erstaunt sein, dass es in unserem Jahrhundert Mönche gibt, die in ihrem eigenen Pflichtbereich blind genug sind, um nicht zu wissen, dass das Leben eines Mönches das eines Büßers ist, d.h. eines Menschen, der für die Welt gestorben ist und dort nur ein Bestreben kennt, nämlich das, sich wie ein Gekreuzigter an das Kreuz Jesu Christi heften zu lassen und sich allen Schmerzen, Kränkungen und Leiden auszuliefern.

Question VII

Y a-t-il donc de si grands avantages à vivre de légumes, d'herbes et de choses semblables, qu'on doive être singulier, et se séparer en cela de l'usage commun?

Réponse

Quand la singularité par laquelle nous nous distinguons de la conduite ordinaire des autres hommes nous approche de celle des saints, on ne peut pas dire qu'elle ne soit pas sainte, particulièrement lorsque nous ne faisons que ce que nos Pères et nos Instituteurs, qui étaient des saints, nous ont appris. La singularité peut être blâmable quand elle est la production de notre esprit; mais quand elle est l'effet de celui de Dieu, et qu'un homme n'est pas comme les autres parce qu'il est ou plus vertueux ou plus saint, c'est une injustice qu'on lui rend si on le condamne, et un bonheur qui lui arrive.

C'est beaucoup d'être semblable aux saints dans la pratique de la vertu; mais c'est davantage quand il plaît à Dieu d'y joindre ou le mépris ou la censure des hommes. La sainteté est une distinction et une séparation de ce qui est pur d'avec ce qui ne l'est pas; c'est pourquoi Jésus Christ ayant été envoyé par son Père pour sanctifier le monde, a dit qu'il était venu sur la terre pour y apporter l'épée, et pour y faire des retranchements et des séparations. *Putatis quia pacem veni dare in terram? Non, dico vobis, sed separationem. Non veni pacem mittere, sed gladium. Veni enim separare*[188]...

[188] Lc (Lk) 12, 51; Mt 10, 34-35 Denkt ihr, ich sei gekommen, um Frieden auf die Erde zu bringen? Ich bin nicht gekommen, um Frieden zu bringen, sondern das Schwert. Denn ich bin gekommen zu entzweien..

Frage VII

Hat es denn so große Vorteile, wenn man von Gemüse, Kräutern und ähnlichem lebt, dass man eigenartig sein und sich darin vom allgemein Üblichen absondern muss?

Antwort

Wenn die Eigenart, durch die wir uns uns von dem üblichen Verhalten der anderen Menschen unterscheiden, uns der Lebensart der Heiligen annähert, kann man nicht sagen, dass sie nicht heilig sei, insbesondere wenn wir nur machen, was unsere Väter und unsere Lehrer, die Heiligen uns lehrten. Die Eigenart kann tadelnswert sein, wenn sie die Ausgeburt unseres Geistes ist; wenn sie aber von Gott kommt, und ein Mensch, weil tugendhafter oder heiliger, nicht wie die anderen ist, ist es ein Unrecht, ihn zu verurteilen, ihm dagegen wird ein Glück zuteil.

Es ist groß, den Heiligen in der Tugend-Praxis ähnlich zu sein; grösser aber ist, wenn es Gott gefällt, damit die Verachtung oder die Zensur der Menschen zu verbinden. Heiligkeit ist eine Unterscheidung und eine Trennung des Reinen von dem was nicht rein ist; deshalb hat Jesus Christus, der vom Vater gesandt wurde die Welt zu heiligen, gesagt, dass er auf die Erde gekommen sei, um ihr das Schwert zu bringen, um dort Unterdrückung und Entzweiung zu bringen. *Putatis quia pacem veni dare in terram? Non, dico vobis, sed separationem. Non veni pacem mittere, sed gladium. Veni enim separare...*

Mais pour répondre précisément à votre demande, mes frères: Premièrement, je vous dirai qu'un des principaux motifs qui doit se présenter à ceux qui veulent embrasser cette abstinence si exacte, est la consolation qu'on trouve à imiter les saints et particulièrement dans une pratique de pénitence si recommandée dans tous les âges de l'Église par les règles qu'ils nous ont laissées, aussi bien que par leurs exemples, comme nous venons de vous le montrer par la suite de la tradition depuis le siècle du grand Antoine. Mais je suis assuré que vous aurez beaucoup plus de respect pour cette sainte observance quand vous saurez qu'elle remonte aux temps supérieurs, et qu'elle prend son origine dans la vie même des apôtres.

Quoique saint Jean, le Précurseur de Jésus Christ, se soit abstenu de manger des herbes et des légumes, on peut néanmoins le regarder comme le modèle de ceux qui usent de ces sortes de viandes; puisque ne buvant que de l'eau et n'ayant pour sa nourriture ordinaire que des sauterelles et du miel sauvage[189], il s'est privé de vin, de chair, d'œufs, de poisson, de beurre... et qu'en ce point-là, leur austérité est semblable à celle qu'il a pratiquée. Saint Jérôme dit aussi que cette manière de vivre a été le commencement de la vie monastique, et de la sanctification du désert: *Habitatio deserti et incunabula monachorum talibus inchoantur alimentis*.[190]

Saint Petrus, selon le témoignage de saint Grégoire de Nazianze[191], mangeait ordinairement des féveroles[192].

[189] Mt 3, 4

[190] Das Wohnen in der Wüste und die ersten Niederlassungen der Mönche wurden mit solcherart Nahrung begonnen.

[191] Orat. de amor paupert. / Gebet von der Liebe zur Armut

[192] Févrolle: au 17e siècle: diminutif de „fève“ / Kleine Sau- oder Pferdebohne

Aber, meine Brüder, um eure Frage genau zu beantworten: Erstens, ich sage euch, einer der Hauptbeweggründe der sich jenen stellt, die eine so strenge Enthaltsamkeit auf sich nehmen wollen, ist der Trost, den man darin findet, die Heiligen nachzuahmen und zwar besonders in einer Bußpraxis, die so zu allen Zeiten der Kirche durch die von ihnen überlieferten Regeln empfohlen wurde, ebenso wie durch ihre Beispiele, wie wir euch soeben am Beispiel der Nachfolge in der Tradition seit der Zeit des großen hl. Antonius gezeigt haben. Aber ich bin sicher, dass ihr diese heilige Observanz viel mehr achtet, wenn ihr wisst, dass sie zu noch früheren Zeiten hinanreicht, und dass sie ihren Ursprung direkt im Leben der Apostel hat.

Obwohl der hl. Johannes, Vorläufer Jesu Christi, weder Kräuter noch Gemüse gegessen hat, kann man ihn trotzdem als Beispiel für jene ansehen, die solche Nahrung genießen; da er nur Wasser trank und als gewöhnliche Nahrung nur Heuschrecken und wilden Honig hatte, verzichtete er auf Wein, auf Fleisch, Eier, Fisch, Butter… und in diesem Punkt ist ihre Bußfertigkeit jener ähnlich, die er praktiziert hat Auch der hl. Hieronymus sagt, dass diese Art zu leben der Beginn des monastischen Lebens und der Heiligung der Wüste sei: *Habitatio deserti et incunabula monachorum talibus inchoantur alimentis.*

Der hl. Petrus ernährte sich nach dem Zeugnis des hl. Gregor von Nazianz gewöhnlich mit kleinen Saubohnen.

Nous apprenons de s. Clément d'Alexandrie[193], que saint Matthieu ne vivait que de fruits, d'herbes et de légumes.

Hégésippe[194] rapporte dans l'histoire d'Eusèbe, que saint Jacques, surnommé le frère du Seigneur, ne buvait ni vin, ni cidre et qu'il ne mangeait rien qui eût vie[195].

Nous lisons que les premiers chrétiens qui s'assemblèrent près d'Alexandrie dans la naissance de l'Église, et qui ayant été instruits et formés par les apôtres en avaient conservé l'esprit, les sentiments et les maximes, vivaient dans la solitude et dans un parfait dégagement de toutes les choses du monde; qu'ils n'avaient pour toute nourriture qu'un peu de pain et d'herbes; qu'il y en avait entre eux qui passaient jusqu'à six jours sans rien prendre, et que jamais ils ne buvaient ni ne mangeaient qu'après le coucher du soleil[196].

[193] Lib. 2 Pedag. cap. I n°16, 1 / Buch 2 Pädagogik Kap. I, Nr. 16,1
[194] Né 115 à Jerusalem ecrivain chretien ✞ 180 / Hegesipp: christlicher Autor der Patristik
[195] Lib. 2 c. 22 / Buch 2 Kap. 22
[196] Philon: Jud. vita. contemp. Quelques uns dans ces derniers temps, ont voulu entendre cet endroit de Philon, des Esséniens. Mais Eusèbe, s. Epiphane, s. Jérôme, Cassien Sozomène et beaucoup d'autres l'ont attribué aux chrétiens et il est à remarquer que saint Denis appelle les moines Thérapeutes, qui est le terme dont Philon s'est servi.
/ Philo von Alexandrien, jüdischer Bibelphilosoph sagt in Jud. vita. contemp. Einige wollten in letzter Zeit diese Stelle von Philon, über die Essénier hören. Aber Eusebius, der hl. Epiphan, der hl. Hieronymus, Kassian, Sozomenos und viele andere haben es den Christen zugeschrieben, und man muß bemerken, dass der hl. Dyonisius die Mönche Therapeuten nennt, der Begriff den auch Philo verwendet.

Vom hl. Clemens von Alexandrien lernen wir, dass der hl. Matthias nur von Obst, Kräutern und Gemüse lebte.

Hégésippe berichtet, so erzählt es Eusebius, dass der hl. Jakob, genannt „Bruder des Herrn", weder Wein noch Apfelwein trank, und dass er nichts aß, das gelebt hatte.

Wir lesen, dass die ersten Christen, die sich bei der Entstehung der Kirche nahe Alexandrien versammelten, unterrichtet und geformt durch die Apostel, deren Geist, Gefühle und Sinnsprüche beibehalten hatten und in Einsamkeit und vollkommener Loslösung von allen weltlichen Dingen lebten; dass all ihre Nahrung nur aus etwas Brot und Kräutern bestand; dass unter ihnen solche waren, die bis zu sechs Tagen nichts aßen, und dass sie niemals vor Sonnenuntergang aßen noch tranken.

Secondement, comme ces sortes de viandes n'ont rien ni dans la qualité, ni dans l'assaisonnement qui puisse irriter la cupidité ni flatter les sens, il est facile de garder les règles d'une tempérance exacte. Et l'on peut dire de ceux qui s'en contentent, qu'ils mangent pour la pure nécessité et non pour le plaisir: *Ad vivendum, non ad luxuriandum*[197]; et qu'au contraire il est malaisé de se défendre d'une nourriture plus solide et plus délicate, parce que, comme dit saint Bernhard, elle plaît au goût et que la cupidité ne manque point d'en être enflammée: *Palatum quidem delectant, sed libidinem accedunt*[198].

Troisièmement, les herbes et les légumes se trouvent sans dépense, et s'apprêtent sans peine, le service des frères est exempt des embarras qui se rencontrent toujours lorsque les viandes sont plus recherchées, et que la préparation en est plus difficile. Ainsi Marthe s'acquitte de son ministère sans trouble et sans confusion, et on n'a pas sujet de lui dire: *Turbaris erga plurima*[199].

Quatrièmement, les aliments simples contribuent à la pureté du corps; ils en modèrent les ardeurs, ils en arrêtent les dérèglements. La nature y trouve ce qui est nécessaire pour se soutenir, mais il n'y a rien de superflu dont elle puisse abuser. Et comme la digestion en est plus prompte, et que les vapeurs qui s'en élèvent, se dissipent plus aisément, l'esprit est libre et par conséquent, ses pensées, ses prières, ses méditations et toutes ses autres fonctions plus pures, plus utiles et plus saintes.

[197] Hieron. contra Jovin. liber 2 / Um zu leben, nicht um zu schwelgen
[198] Epist. 1. 11 / Sie erfreuen den Gaumen, aber sie entzünden die Begierde.
[199] Lc, 10, 4 / Lk 10,4 Warum sorgst du dich um so viele Dinge?

Zweitens, weil diese Nahrung weder in ihrer Qualität, noch im Würzen etwas hat, das die Gier reizt oder den Sinnen schmeichelt, ist es einfach, die Regeln einer strikten Mäßigkeit einzuhalten. Und von jenen, die sich darauf beschränken, kann man sagen, dass sie aus reiner Notwendigkeit und nicht wegen des Vergnügens essen: *Ad vivendum, non ad luxuriandum;* und im Gegenteil, es ist schwierig, sich festere und delikatere Nahrung zu versagen, weil, wie der hl. Bernard sagt, sie dem Geschmack gefällt und die Lust davon schnell entfacht wird: *Palatum quidem delectant, sed libidinem accendunt.*

Drittens, Kräuter und Gemüse findet man kostenlos und kann sie mühelos zubereiten. Der Dienst der Mitbrüder ist frei von den Verlegenheiten, die sich immer dann einstellen, wenn Fleisch gefragter ist und dessen Zubereitung schwieriger ist. So erfüllt Martha in aller Ruhe ihren Dienst und es gibt keinen Grund, ihr zu sagen: *Turbaris erga plurima.*

Viertens, einfache Nahrungsmittel tragen zur Reinheit des Körpers bei, mäßigen dessen Triebe und bieten den Leidenschaften Einhalt. Die Natur findet in ihnen das, was zur Selbsterhaltung notwendig ist, aber es gibt nichts Überflüssiges, das man missbrauchen könnte. Da die Verdauung zügiger vonstatten geht und die Winde, die sich daraus ergeben, sich leichter verflüchtigen, ist der Geist frei und folglich auch die Gedanken, die Gebete, die Meditationen und alle anderen Tätigkeiten sind reiner, nützlicher und heiliger.

Cinquièmement, c'est ôter aux religieux le sujet le plus ordinaire de leur murmure. Les frères ne sont presque jamais satisfaits de la nourriture qu'on leur donne, et quelque soin qu'on prenne de les diversifier, ou d'apprêter les viandes, elles sont toujours la matière de leurs entretiens et de leurs plaintes; et souvent leur délicatesse est telle que ni la terre, ni la mer, comme dit saint Bernhard[200], ne porte rien dont elle puisse être contente. Mais si l'amour de la pénitence les réduit une fois à vivre d'herbes, de racines et de légumes, on peut dire qu'ils ont surmonté tout d'un coup l'intempérance, ou au moins, qu'elle est affaiblie de telle sorte que les tentations qu'elle produira dans la suite, seront ou fort rares ou fort légères.

Sixièmement, un monastère qui garde cette abstinence, peut entretenir avec peu de biens une Congrégation nombreuse: la régularité y sera plus exacte, la discipline plus vive; les religieux y seront dans le repos, et dans le recueillement. Ce qui ne saurait être lorsque la diversité des emplois et des offices d'une communauté se partage entre un petit nombre de personnes. Ainsi Dieu sera mieux servi, il y aura plus de bénédiction et d'exemple pour les peuples, et plus d'édification pour l'Église.

Septièmement, quand on vit dans les communautés avec dépense, l'on craint de se charger de religieux, l'on en mesure le nombre aux revenus, l'on n'en veut point que ne soit utiles, et il se mêle presque toujours des intérêts et des vues humaines dans les réceptions.

[200] Serm. 30, 11 in Cant. / Predigt 30, 11 im Hohen Lied

Fünftens bedeutet es, den Ordensleuten den Gegenstand wegzunehmen über den sie am häufigsten murren. Die Brüder sind mit der Nahrung, die man ihnen gibt, fast nie zufrieden und wie man sich auch sorgt, sie abwechslungsreich zu gestalten, oder die Nahrung zu würzen, sie ist immer Gegenstand ihrer Gespräche und Klagen; und oft ist ihre Empfindlichkeit so, dass wie der hl. Bernard sagt, weder Erde noch Meer etwas hervorbringen, was sie zufrieden stellt. Wenn aber die Liebe zur Buße sie einmal dazu bringt, von Kräutern, Wurzeln und Gemüse zu leben, kann man sagen, dass sie auf einmal die Unbeherrschtheit überwunden oder wenigstens so geschwächt haben, dass die Versuchungen in der Folge sehr selten oder sehr leicht sein werden.

Sechstens, ein Kloster, das diese enthaltsame Lebensart bewahrt, kann mit wenigen Gütern eine zahlreiche Gemeinschaft unterhalten; die Einhaltung der Ordensregel ist dort genauer, die Disziplin vor Ort spürbarer. Dort können die Mönche in Ruhe und Andacht verharren, was nicht möglich wäre, wenn die verschiedenen Tätigkeiten und Pflichten einer Gemeinschaft auf eine kleine Anzahl von Personen verteilt werden. So wird Gott besser gedient, für die Menschen gibt es mehr Segen und Vorbilder, für die Kirche mehr Erbauung.

Siebtens, wenn man in Klostergemeinschaften lebt, die hohen finanziellen Aufwand benötigen, fürchtet man Überlastung mit Ordensbrüdern, man misst deren Anzahl am Einkommen und lässt keinen zu, der nicht Nutzen bringt. Bei Neuaufnahmen mischen sich fast immer menschliche Interessen und Rücksichten mit hinein.

Mais au contraire, cette sainte frugalité fait qu'on ne rejette personne, qu'on est en état d'admettre tous ceux qui se présentent et que le monastères sont des ports dont les entrées sont ouvertes à tous ceux qui viennent de la mer du monde, qui y sont portés par le souffle du Saint-Esprit; et que la miséricorde de Dieu retire du naufrage.

Huitièmement, les religieux qui vivent comme des pauvres sont toujours riches; ils ne manquent de rien, leur pauvreté les met dans l'abondance. Ils se privent des choses superflues et se réduisent simplement au nécessaire. Ils sont dans le pouvoir de partager avec les pauvres de Jésus Christ qu'ils considèrent comme leurs frères, les biens qu'ils tiennent de sa libéralité. Et comme leurs mains sont incessamment ouvertes pour les soulager dans leurs besoins, Dieu les comble de bénédictions, et ne ferme jamais les siennes sur leurs misères.

Enfin, c'est un moyen d'éviter cet écueil si dangereux contre lequel plusieurs de ceux qui quittent le monde et se retirent dans les cloîtres, brisent malheureusement leur vaisseau, en trouvant le secret de se faire une vie douce, molle et tranquille dans un état de croix, de mortification et de pénitence.

Je ne doute point, mes frères, que ces considérations ne vous paraissent solides et saintes; que non seulement vous estimiez qu'on a raison de les écouter, de s'en persuader et de les suivre;

Dagegen führt die karge Lebensweise dazu, dass man niemanden zurückweist und in der Lage ist, all diejenigen aufzunehmen, die dazu bereit sind. Somit sind Klöster wie Häfen, deren Zugänge offen sind für alle, die vom Meer der Außenwelt kommen, die vom Wehen des Heiligen Geistes dorthin getrieben wurden und die die Barmherzigkeit Gottes vor Schiffbruch bewahrt hat.

Achtens, Mönche, die wie Arme leben, sind immer reich; ihnen mangelt es an nichts, ihre Armut bringt ihnen Überfluss; sie verzichten auf überflüssige Dinge und beschränken sich auf das Notwendige. Sie sind in der Lage, mit den Armen in Christo, die sie als ihre Brüder betrachten, die Güter zu teilen, die sie durch Seine Großzügigkeit besitzen. Und da ihre Hände immer offen sind, um ihnen in ihren Nöten Beistand zu leisten, überhäuft sie Gott mit Segen und verschließt nie Seine Hände in Anbetracht ihres erbarmungswürdigen Lebens.

Schließlich ist es ein Mittel, diese so gefährliche Klippe zu vermeiden, an der leider mehrere von denen, die die Welt verlassen und sich in die Klöstern zurückziehen, ihr Schiff zerschellen, indem sie das Geheimnis suchen, sich ein zartes, mildes und ruhiges Leben in einem Stand des Kreuzes, der Abtötung und der Buße zu bereiten.

Ich zweifele überhaupt nicht, meine Brüder, dass diese Erwägungen euch solide und heilig erscheinen; damit ihr nicht nur glaubt, dass man Grund hat, auf sie zu hören, sich davon zu überzeugen und ihnen zu folgen;

mais encore que vous ne trouviez étrange qu'elles ne fassent pas une impression égale sur tous les moines; que de si pressants motifs les touchent si peu, et qu'étant obligés par leur état de tendre à la perfection, ils négligent des moyens et des pratiques si capables de les y conduire; des pratiques, dis-je, autorisées par l'exemple des apôtres, par les règles de saints solitaires et par toute la tradition monastique.

Cependant, mes frères, ne vous trompez pas et gardez-vous bien de vous imaginer que vos austérités, votre solitude, ce sac qui vous couvre la tête, les légumes, les herbes qui vous servent de nourriture, cette abstinence, ces jeûnes, ces couches dures, vous justifient et fassent la piété d'un moine. Car il n'arrive que trop souvent, comme le remarque saint Cyprien[201], qu'on cache l'esprit et les affections du monde sous les apparences religieuses, qu'on se porte au plaisir, qu'on souffre impatiemment les injures et qu'on n'a pas moins de désir de les venger, qu'en pourraient avoir les gens du siècle. *Non locus desertus, saccus pro veste non legumen pro cibo, neque jejunia, neque chameuniæ monachum absolvunt; sub his involucris latet interdum animus valde mundanus*[202].

Ce qui cause cet inconvénient, c'est qu'il est plus aisé de régler ses sens, que de régler son cœur, et que le démon par des artifices presque infinis nous abuse sans qu'on s'en aperçoive.

[201] Tract. de duplici martyrio

[202] Nicht ein Ort in der Wüste, ein Sack als Bekleidung und Gemüse als Speise, und auch nicht Fasten oder Schlafen auf bloßer Erde sprechen den Mönch frei. Unter diesen Hüllen hält sich manchmal eine sehr weltliche Seele versteckt.

sondern auch, das ihr es nicht abartig findet, wenn sie einen ebensolchen Eindruck auf alle Ordensleute machen; dass von solch überwältigenden Gründen sie so wenige betreffen, und dass sie zwingend durch ihren Stand, der nach Vollkommenheit strebt, Mittel und Übungen vernachlässigen, die sie dort führen können; Übungen, sage ich, die durch das Beispiel der Apostel autorisiert sind, durch die Regeln der heiligen Einsiedler und die ganze monastische Überlieferung

Meine Brüder, lasst euch nicht täuschen und haltet euch ständig vor Augen, dass eure enthaltsame Lebensweise, eure Einsamkeit, der Sack als Kopfbedeckung, das Gemüse und die Kräuter als eure Nahrung, dieser asketische Lebensstil, dieses Fasten und die harte Liege euch rechtfertigen und die Frömmigkeit eines Mönches ausmachen. Denn es kommt nur allzu oft vor, wie der hl. Cyprian bemerkt, dass man den Geist und die Verlockungen der Welt unter dem Deckmantel der Frömmigkeit verbirgt, sich dem Vergnügen hingibt, Demütigungen ungeduldig erleidet und nicht weniger Verlangen nach Rache verspürt, als es bei den Weltleuten vorkommt. *Non locus desertus, saccus pro veste non legumen pro cibo, neque jejunia, neque chameuniæ monachum absolvunt; sub his involucris latet interdum animus valde mundanus.*

Was diese Gefahr verursacht, ist die Tatsache, dass es leichter ist, seine Sinne zu beherrschen, als die Regungen seines Herzens, und dass der Dämon mit seinen unendlichen Machenschaften uns verführt ohne dass wir dessen gewahr werden.

Il se transforme en ange de lumière, il persuade dans la vue et dans l'estime qu'on fait de cette pénitence extérieure, qu'on a une piété, que l'on n'a point en effet; et quoiqu'on soit rempli de tous les vices et des dérèglements de l'esprit, on est saint à ses propres yeux aussi bien qu'aux yeux des autres. *Cumque intus madeant spiritualibus vitiis, et sibi et aliis habentur pii.*[203]

N'ayez donc pas moins de soin de purifier vos âmes que vos corps, et qu'il ne vous arrive jamais de vous élever et vous éblouir de ces pratiques austères dans lesquelles vous vivez.

Vous pouvez croire qu'elle sont selon le dessein de Dieu, puisque vous ne faites en cela que suivre et imiter vos Pères. Mais vous ne ferez rien qui vous soit utile si vous n'employez tous vos efforts pour leur devenir semblables dans leurs vertus intérieures. Et sans cela, non seulement tous vos travaux et toutes vos peines n'auraient aucun fruit, mais Dieu punirait votre désordre avec d'autant plus de rigueur, que vous étant injustement acquis l'estime des hommes, vous auriez ajouté le crime d'hypocrisie à vos infidélités.

[203] Und obwohl sie innerlich vor geistlichen Fehlern triefen, halten sie sich selbst für fromm und werden von anderen für fromm gehalten.

Er stellt sich als Lichtengel dar, erweckt durch sein Aussehen und seine äußerliche Bußfertigkeit den Eindruck, dass er eine Frömmigkeit habe, die tatsächlich nicht vorhanden ist; und obwohl man voller Laster und Unordnung des Geistes ist, ist man in seinen eigenen Augen ebenso heilig wie in den Augen der anderen. *Cumque intus madeant spiritualibus vitiis, et sibi et aliis habentur pii.*

Tragt also nicht weniger Sorge für die Reinheit eurer Seele als für die eures Leibes. Es soll nie vorkommen, dass ihr auf Grund eurer strengen Lebensführung überheblich werdet und euch blenden lasst.

Glaubt getrost, dass sie dem Plan Gottes entspricht, denn ihr folgt damit nur dem Beispiel der Altväter. Nichts werdet ihr tun, was für euch von Nutzen ist, wenn ihr nicht alle Anstrengungen unternehmt, um ihnen ähnlich zu werden bezüglich ihrer Tugenden der Seele. Ohne dies würden all eure Anstrengungen und Mühen keine Frucht bringen, aber Gott würde Ihre Unordnung umso strenger bestrafen als ihr die Achtung der Menschen ungerecht erworben habt, und ihr fügt das Verbrechen der Heuchelei zu dem eurer Treulosigkeit hinzu.

Question VIII

Doit-on garder les même règles et user de la même nourriture dans la réception des hôtes?

Réponse

Saint Basilius dit[204] que les religieux doivent prendre garde de ne pas imiter les gens du monde, qui ne souffrant qu'avec honte la bassesse d'une vie pauvre, donnent à manger aux personnes qui les viennent voir d'une manière somptueuse et magnifique. Qu'est-ce qu'a de commun avec nous cette magnificence, dit ce grand saint.

Un étranger nous vient voir; si c'est quelqu'un de nos frères et de notre profession, il faut qu'il reconnaisse chez nous sa table accoutumée, et qu'il trouve dans notre maison ce qu'il a quitté dans la sienne. S'il est fatigué du chemin qu'il a fait, on doit lui donner tout ce qui sera nécessaire pour le soulager dans sa lassitude. Que si c'est un homme du monde, il faut qu'il apprenne par nos œuvres ce que la raison ne lui a point encore appris et qu'il voie dans notre frugalité la règle et la mesure de la conduite qu'on doit garder dans l'usage des aliments. Il faut que cela lui serve comme un monument de la table des chrétiens et qu'il se souvienne que la pauvreté qu'on endure pour l'amour de Jésus Christ ne sait ce que c'est que de rougir. Que si, au lieu d'être touché des choses qu'il aura vues, il les tourne en raillerie, il ne nous importunera pas une seconde fois.

[204] Reg. fus. q. 20 - (GR. 20 p. 92) /

Frage VIII

Muß man bei der Aufnahme von Gästen dieselben Regeln beachten und dieselben Speisen geniessen?

Antwort

Der hl. Basilius sagt, dass die Ordensleute sich hüten müssen, die Weltleute nachzuahmen, die nur mit Scham die Niedrigkeit eines armen Lebens erleiden und ihren Besuchern reichhaltiges und großartiges Essen servieren. Was hat diese Herrlichkeit mit uns gemein, sagt dieser große Heilige.

Ein Fremder besucht uns; wenn es einer unserer Brüder und unseres Standes ist, soll er bei uns seine gewohnte Tafel finden, und soll in unserem Haus das finden, was er in seinem verlassen hat. Wenn er vom zurückgelegten Weg ermüdet ist, soll man ihm alles Nötige geben, um ihn in seiner Erschöpfung zu erleichtern. Wenn es ein Weltlicher ist, soll er durch unsere Werke lernen, was sein Verstand ihn bisher nicht gelehrt hat und dass er in unserer Genügsamkeit Regel und Maß der Lebensführung sieht, die man beim Verzehr der Nahrung beachten muss. Das soll ihm ein Andenken sein für den Tisch der Christen, damit er sich erinnere dass die Armut, die wir aus Liebe zu Jesus Christus ertragen, sich niemals dessen schämt. Und wenn er, anstatt von den gesehenen Dingen berührt zu werden, er sie bei seiner Rückkehr verdreht, wird er uns kein zweites Mal belästigen.

Voici le sentiment de saint Ephrem sur ce sujet[205]. Si un solitaire, dit-il, ou un séculier vous vient voir, ne lui présentez rien qui soit au-delà de vos forces, de peur qu'après qu'il vous aura quitté, vous ne fassiez vos plaintes à vos frères de la dépense qu'il vous aura causée. Servez-lui ce que vous aurez reçu de Dieu, car il vaut mieux donner des herbes avec joie, que des victimes engraissées avec tristesse[206].

On lit dans les premiers Statuts des Chartreux[207], qu'ils recevaient seulement les personnes qui les venaient voir, et non pas leur équipage; et qu'ils ne leur donnaient ni d'autres lits, ni d'autre nourriture que celle dont ils avaient accoutumé d'user eux-mêmes. *Talesque eis lectos, et cibos quibus ipsi vescimur, præparamus*[208].

Saint Benedikt qui ordonne que le Supérieur mange avec les hôtes[209], et qui veut qu'il ait pour cela une cuisine séparée de celle de se frères, ne lui permet point sans doute de leur servir d'autres viandes que celles qu'on sert à la communauté. C'est ce que les religieux de Cîteaux qui ont possédé parfaitement son esprit, ont observé. On remarque dans le livre appelé les Us, qui sont leurs premières constitutions[210], que celui qui était nommé pour avoir soin de la cuisine de l'abbé, devait aller dans le jardin après l'heure de Prime et y cueiliir des légumes autant qu'il était nécessaire pour la nourriture de l'Abbé et des hôtes qui lui pouvaient survenir: *Tantum leguminis accipiat, ut Abbati et supervenientibus hospitibus sufficere possit.*[211]

[205] Apophthegmata. c. 33
[206] Pr 15, 17 / Spr 15, 17
[207] Guig. Stat. c. 19. Ed.Bas an. 1510
[208] Wir bereiten ihnen solche Betten, wie wir sie haben und die Speisen, die wir auch selbst
[209] R.B. c. 56. / Regula Benedicti Kap. 56
[210] Us Cist. c. 109. / Us = Usus = Gebrauch
[211] Er soll so viel Gemüse bekommen, dass es für den Abt und die dazu kommenden Gäste ausreichen kann.

Hier das Empfinden des hl. Ephrem zu diesem Thema. Wenn ein Einsiedler, sagt er, oder ein Weltlicher euch besucht, bietet ihm nichts, was über eure Kräfte geht, aus Furcht, dass ihr nicht euren Brüdern über die durch ihn veranlassten Ausgaben klagen müsst, wenn er euch verlassen hat. Bietet ihm, was ihr von Gott erhalten habt, denn es ist besser, Kräuter mit Freude zu servieren als ein mit Trübsal gemästetes Opfer.

Man liest in den ersten Statuten von Chartreux dass sie nur die Besucher empfingen, aber nicht deren Begleitung; und dass sie ihnen weder andere Betten, noch andere Nahrung gaben als jene, die sie selbst zu essen gewohnt waren. *Talesque eis lectos, et cibos quibus ipsi vescimur, præparamus.*

Der hl. Benedikt, der anordnet, dass der Obere mit den Gästen isst, und der will, dass es dafür eine von den Brüdern gesonderte Küche gibt, erlaubt ihm zweifellos nicht, ihnen andere Mahlzeiten zu servieren, als man der Gemeinschaft auftischt. Genau das haben die Mönche von Cîteaux beobachtet, die seinen Geist vollkommen besaßen. In dem Buch, das man die Us nennt und ihre ersten Verfassungen enthält, steht, dass der zum Küchendienst für den Abt Benannte nach der Prim in den Garten gehen musste und vom Gemüse dort soviel einsammeln musste, wie zur Nahrung für den Abt und die Gäste notwendig war, die unerwartet kommen würden. *Tantum leguminis accipiat, ut Abbati et supervenientibus hospitibus sufficere possit.*

Mais il n'y a rien qui fasse mieux voir quelle a été leur exactitude en ce point, que ce qui se passa dans le voyage que le pape Innocent II fit à Clairvaux.

Il y fut reçu d'une manière si simple, si pénitente et si religieuse tout ensemble qu'elle ne causa pas moins d'édification que de surprise à toute la cour romaine. Le pain, à ce que raconte un historien de la vie de saint Bernhard[212], au lieu d'être de pure fleur de froment, était de farine dont le son n'avait pas été tiré. Il y avait du petit vin au lieu de vin excellent, des herbes au lieu de turbots et on servait des légumes pour toutes sortes d'entremets. Et s'il se trouva par hasard quelque poisson, il fut mis devant le pape, plutôt pour être vu de l'assemblée que pour être mangé.

Cependant, ces saints religieux n'usaient pas à l'égard des hôtes, de toute la rigueur qui se gardait dans la communauté puisque nous voyons dans leurs premiers statuts[213], que le pain qu'on servait aux hôtes était blanc, et semblable à celui qu'on donnait aux malades. Mais quelque tempérament qu'ils aient apporté à la réception des étrangers, la charité n'a jamais préjudicié à la régularité de leur Institut. Leur pénitence s'est toujours fait remarquer dans tous les endroits de leur vie, et on ne tirait pas moins d'instruction de la simplicité de leur table, que de tout le reste de leur conduite.

[212] Bern. Ab. Bonnevall. C. 2 vit. S. Bern. /
[213] Nomast. 1. Part. Instit. Cap. gen. c.14

Nichts lässt uns besser erkennen welche Genauigkeit sie hier anwandten, als die Begebenheit bei einer Reise, die Papst Innozenz II. nach Clairvaux machte.

Er wurde dort so einfach empfangen, so bußfertig und ganz allgemein so fromm, dass dies nicht weniger zur Erbauung als zur Überraschung des ganzen römischen Hofes führte. Das Brot war, wie ein Biograph des hl. Bernard erzählt, anstatt aus reinem Weizenmehl, aus einem Mehl, wo die Kleie nicht ausgesiebt worden war. Es gab einfachen statt ausgesuchtem Wein, Kräuter anstatt Steinbutt, und man servierte Gemüse als Zwischengänge. Und wenn sich zufällig ein Fisch dazwischen fand, wurde er dem Papst vorgelegt, um von der Versammlung gesehen, nicht um gegessen zu werden.

Jedoch übten diese heiligen Mönche hinsichtlich der Gäste nicht die ganze Strenge, die man in der Gemeinschaft hielt, denn wir sehen in ihren ersten Statuten, dass das Brot für die Gäste weiß war und ähnlich jenem, das man den Kranken gab. Aber welcher Natur ihr Empfang von Fremden auch immer war, die Barmherzigkeit wurde niemals durch ihre Regeltreue zu ihrem Institut gemindert. An allen Orten ihres Lebens war ihre Bußfertigkeit immer hervorragend, und man zog nicht weniger Lehren aus der Einfachheit ihrer Tafel, als aus ihrem gesamten übrigen Betragen.

Ainsi, mes frères, quoiqu'on puisse diminuer quelque chose de l'austérité de la Règle en faveur des personnes de dehors, et que la charité aussi bien que l'exemple des saints, demande de nous une moindre rigueur que celle qui s'observe communément parmi les frères; néanmoins il ne faut pas manquer de se prescrire en cela des règles exactes et de se persuader qu'il n'y a point de temps, de rencontres, ni de circonstances, dans lesquelles les moines ne doivent se souvenir de l'obligation qu'ils ont de s'éloigner des façons de faire et des coutumes du siècle, selon cette grande maxime de saint Benedikt[214]: *A sæculi se facere alienum.* Et c'est un étrange renversement qu'au lieu qu'autrefois les Grands de la terre, les Princes et les Empereurs trouvaient dans la sobriété des solitaires la condamnation de leurs profusions et de leur impénitence, les gens du monde trouvent aujourd'hui dans leur abondance, de quoi s'autoriser dans le luxe et dans l'amour des plaisirs.

C'est un mal auquel Clément VIII a voulu remédier quand il a ordonné dans une Décrétale[215], que s'il arrive que des personnes puissantes et considérables passent par les monastères, ou par piété ou pour quelque autre raison, et qu'ils s'y arrêtent, on les fasse manger dans le réfectoire commun avec les frères et qu'ils se contentent qu'on leur serve des viandes ordinaires; et que les religieux se conduisent de telle sorte dans ces occasions que la sobriété et la pauvreté religieuse y paraissent avec éclat.

[214] RB c.4. / Regula Benedicti Kap. 4: Sich der Welt entfremden
[215] Const. an. 1594

Somit, meine Brüder, kann man auch die Strenge der Regel zugunsten der Fremdlinge etwas mildern und dies, weil da auch die Barmherzigkeit genauso wie das Beispiel der Heiligen von uns eine geringere Strenge verlangen als jene, die wir allgemein unter uns Brüdern walten lassen; trotzdem darf man nicht versäumen, sich auch hier genaue Regeln vorzuschreiben und sich zu überzeugen, dass es keine Zeit gibt, keine conveniats, noch irgendwelche Umstände, unter denen die Mönche nicht ihre die Pflicht denken müsen, sich von Art, Weise und Bräuchen der Welt fern zu halten, nach diesem großen Sinnspruch des hl. Benedikt: *A sæculi se facere alienum.* Und es ist eine abartige Verdrehung, wenn die Großen der Erde, Prinzen und Kaiser anstatt wie früher in der Nüchternheit der Einsiedler eine Verurteilung ihres Überflusses und ihrer Verstocktheit sahen, die Welt-Leute heute aus deren Überfluß das Recht ableiten sich Luxus und Vergnügungssucht zu erlauben.

Das ist ein Übel, dem Clemens VIII. abhelfen wollte, als er in einem Dekret anordnete, wenn mächtige und bedeutende Personen aus Frömmigkeit oder irgend anderem Grund in Klöstern vorbeikommen, und wenn sie dort bleiben, dass man sie im Speisesaal gemeinsam mit den Brüdern essen lässt, und dass sie sich darauf beschränken, einfache Nahrung vorgesetzt zu bekommen; und dass die Ordensleute sich bei diesen Gelegenheiten so verhalten, dass ihre Nüchternheit und religiöse Armut dabei Aufsehen erregt.

Quand des moines qui ont la crainte de Dieu considéreront combien d'injustices ils commettent tout à la fois lorsqu'ils sortent en cela des véritables règles, je ne puis croire que le sentiment de leur conscience ne les retienne dans leur devoir.

Car premièrement, ils font de leurs monastères qui sont, comme dit saint Chrysostome, des maisons de larmes et de tristesse, des maisons de réjouissance et de divertissement. Et au lieu de l'édification qu'ils doivent aux gens du monde, ils leur deviennent un sujet de scandale.

Secondement, ils avilissent leur profession, ils en effacent entièrement ce caractère de pénitence qui en est le lustre et le principal ornement.

Troisièmement, leurs propres excès sont cause qu'ils ne sont plus en état de reprendre les dérèglements des autres.

Quatrièmement, ils troublent le repos de leurs frères et, comme dit saint Basilius[216], il ne faut point demander qui sont ceux qui viennent dans le monastère, lorsque ce sont des personnes considérables que l'on y attend, parce que tout y est dans le mouvement et dans l'agitation par les diligences qu'on fait et les soins qu'on prend pour faire que rien ne manque aux viandes qu'on leur prépare.

Cinquièmement, l'on attire par la bonne chère les gens qui aiment le plaisir; les conversations en sont toujours libres, et quelque ordre qu'on y puisse apporter, on n'y observe guère ce précepte de l'apôtre[217]: Si quelqu'un parle, que ce soit d'une manière digne de Dieu; *Si quis loquitur, quasi sermones Dei*.

[216] Reg. fus. q.20. (cf. note 93) (GR. p. 94) /
[217] 1 P 4, 11 / Wenn jemand redet, so rede er, als wären es Worte Gottes.

Wenn gottesfürchtige Mönche erwägen, wie viel Unrecht sie begehen, wenn sie gleichzeitig dabei die wahren Regeln verletzen, kann ich nicht glauben, dass ihr Gewissensempfinden sie nicht zu ihren Pflichten zurückruft.

Denn erstens machen sie aus ihren Klöstern, die nach dem hl. Chrysostomus Häuser der Tränen und der Traurigkeit sein sollen, Häuser des Spaßes und der Zerstreuung. Und statt der Erbauung, die sie den Weltleuten schulden, werden sie ihnen zum Skandalthema.

Zweitens erniedrigen sie ihre Berufung, weil sie diesen Bußgedanken daraus völlig entfernen, der ihr hauptsächlicher Glanz und Schmuck ist.

Drittens sind sie aufgrund ihrer eigenen Exzesse nicht mehr in der Lage, die Entgleisungen der anderen wieder in Ordnung zu bringen.

Viertens stören sie die Ruhe ihrer Brüder und wie der hl. Basilius sagt, darf man nicht danach fragen wer das Kloster besucht, wenn man bedeutende Personen erwartet, weil durch die Emsigkeit und Sorge dort alles in Bewegung und Aufregung ist, die man anstellt, um darauf zu achten, dass nichts an der Nahrung fehlt, die man für sie zubereitet.

Fünftens zieht man durchs Luxusleben Leute an, die gerne Spaß haben; deren Unterhaltungen sind immer freizügig, und welche Ordnung auch immer man dort anbringen wollte, sie beachten niemals dieses Apostelgebot: Wenn jemand spricht, soll es Gottes würdig sein; *Si quis loquitur, quasi sermones Dei.*

Sixièmement, on prive les membres de Jésus Christ du secours qui leur est si légitimement dû lorsqu'on dépense dans un seul repas, pour plaire aux riches du monde et pour gagner leur amitié, ce qui suffirait pour la nourriture de deux cents pauvres. Comme si l'on ignorait qui c'est envers eux que nous devons exercer nos profusions et nos largesses puisque, selon le prophète[218], l'aumône qu'on répand dans le sein du pauvre, est la véritable semence d'une justice éternelle: *Dispersit, dedit pauperibus, justitia ejus manet in sæculum sæculi.*[219]

Je pense, mes frères, qu'après toutes ces différentes réflexions, nous ne pouvons vous donner un meilleur conseil que celui de suivre ce que saint Basilius nous enseigne comme une règle constante[220], quand il dit que la fin que l'on doit avoir en cela, est de satisfaire la nécessité de ceux qui viennent nous voir.

Et qu'encore qu'il faille communément leur servir ce qui se peut trouver sans peine et s'apprêter sans dépense, il est néanmoins à propos d'avoir égard aux dispositions et aux besoins des personnes, en sorte qu'on donne à ceux qui seront fatigués des viandes plus grossières et plus solides. Et de plus légères et plus faciles à digérer aux infirmes. Et surtout qu'on ait un soin particulier que les choses se fassent avec propreté, honnêteté et bienséance, mais sans jamais aller au-delà de notre profession. Il ajoute: Nous n'avons point d'argent? à la bonne heure, n'en ayons point. Nos greniers sont vides? qu'importe puisque nous vivons au jour la journée et du travail de nos mains.

[218] Ps 111, 9
[219] Reichlich hat er den Armen gespendet. Seine Gerechtigkeit bleibt für immer.
[220] Reg. fus. q. 20

Sechstens entzieht man den Gliedern des Leibes Christi die Hilfe, die ihnen rechtmässig zusteht, wenn man, um den Reichen der Welt zu gefallen und ihre Freundschaft zu gewinnen, für eine einzige Mahlzeit das aufwendet, was als Nahrung für zweihundert Arme ausreichen würde. Als ob man nicht wüsste, das wir ihnen gegenüber von unserem Überfluß abgeben und unsere Freigiebigkeit ausüben müssen, nach dem Propheten: das Almosen das man dem Herz des Armen zuwendet, ist die wahre Saat einer ewigen Gerechtigkeit: *Dispersit, dedit pauperibus, justitia ejus manet in sæculum sæculi.*

Nach all diesen verschiedenen Überlegungen, meine Brüder, denke ich dass wir euch keinen besseren Ratschlag geben können, als nur dem zu folgen was der hl. Basilius uns als bleibende Regel lehrt, wenn er sagt, dass das Ziel, das man bei all diesem haben muss, sei, die Not derer zu beheben, die uns besuchen kommen.

Und auch, wenn wir ihnen im Allgemeinen das bieten sollen, was sich ohne Mühen finden und ohne Ausgaben zubereiten lässt, ist es trotzdem angemessen, Rücksicht auf das Befinden und die Bedürfnisse der Personen zu nehmen derart, dass man jenen die erschöpft sind gröbere und festere Nahrung gibt. Und die leichtere und besser verdauliche den Kranken. Und dass man besonders darauf achtet, die Dinge in Sauberkeit, Ehrlichkeit und Schicklichkeit zu tun, und niemals die Grenzen unserer Gelübde zu verletzen. Er fügt hinzu: wir haben kein Geld? an der guten Stunde wir haben nichts mehr. Unsere Vorräte sind leer? Was soll's, da wir von Tag zu Tag und von unserer Hände Arbeit leben.

Et pourquoi prodiguerions-nous pour le plaisir des hommes voluptueux les aliments que Dieu a donnés aux nécessités des pauvres? Et pour nous, mes frères, à présent que les religieux ont de revenus assurés et que ce n'est plus leur travail qui les nourrit, nous pouvons dire sans crainte, que leurs possessions sont consacrées, que la dispensation en doit être toute sainte, qu'ils ne sauraient sans sacrilège ni dissiper, ni employer à des superfluités les biens que l'Église a toujours regardés comme le patrimoine des pauvres, les offrandes des fidèles et le prix des offenses des pécheurs.

Und warum sollten wir für das Vergnügen sinnlicher Menschen die Nahrung verschwenden, die Gott uns für die Bedürfnisse der Armen anvertraut hat? Und für uns, meine Brüder, jetzt wo die Ordensleute sichere Einkünfte haben, und sie sich nicht mehr durch ihre Arbeit ernähren, können wir ohne Furcht sagen, dass ihre Besitztümer heilig sind und deshalb ihre Verwendung auch ganz heilig sein muss, dass die Güter ohne Sakrileg weder zerstreut werden noch für überflüssige Zwecke verwendet werden dürfen, die Güter, welche die Kirche immer als das Gut der Armen, die Opfergaben der Gläubigen und den Preis für die Vergehen der Sünder angesehen hat.

Question IX

Est-il nécessaire que le supérieur du monastère mange avec les hôtes?

Réponse

Saint Benoît[221] ordonne dans sa Règle, comme nous venons de le dire, que la table de l'Abbé sera celle des hôtes. Et ce n'est pas sans beaucoup de raison qu'il a institué cette manière d'exercer l'hospitalité.

Premièrement, parce que le supérieur vivant dans la pénitence à laquelle sa profession l'oblige, et n'usant par conséquent que de viandes communes et telles qu'on les donne à la communauté, les étrangers qui viennent au monastère ne sauraient lui être à charge.

Secondement, ceux d'entre les hôtes qui garderont la frugalité dans laquelle un véritable chrétien doit vivre, trouveront dans celle du supérieur de quoi confirmer et s'autoriser dans leur conduite; et ceux qui, au contraire vivront dans la bonne chère et dans l'abondance, y verront la condamnation de leurs excès.

Troisièmement, un supérieur, par sa présence, imprimera du respect et fera qu'il n'échappera rien dans le repas qui soit contre la bienséance et l'édification avec laquelle on s'y doit conduire. Et s'il regarde, comme dit saint Benoît Jésus Christ dans la personne des hôtes, aussi les hôtes regarderont Jésus Christ dans la sienne.

[221] Chap. 56

Frage IX

Muß der Obere des Klosters notwendig mit den Gästen essen?

Antwort

Der hl. Benedikt befiehlt in seiner Regel, wie wir soeben gesagt haben, dass der Tisch des Abtes der der Gäste sein soll. Und nicht ohne gute Gründe hat er diese Art der Gastlichkeit eingeführt.

Erstens, weil der aufgrund seines Gelübdes in Buße lebende Obere auch nur die normale Nahrung verzehrt wie man sie auch der Gemeinschaft gibt, und daher die fremden Klosterbesucher diesem keine Last darstellen.

Zweitens werden jene Gäste, welche die Genügsamkeit, die einem echten Christen gut ansteht, wahren, in der Bescheidenheit des Oberen sich in ihrer Lebensführung bestätigt und autorisierrt finden, und jene, die im Gegensatz dazu das Wohlleben treiben, darin die Verurteilung ihrer Ausschweifungen sehen.

Drittens wird ein Oberer durch seine Anwesenheit Respekt einflößen und sorgen, dass ihm beim Mahle nichts entgehe, was gegen die Schicklichkeit und die Erbauung ist, die es zu wahren gilt. Und wenn er, wie der hl. Benedikt sagt, in der Person des Gastes Jesus Christus selbst sieht, werden die Gäste auch in ihm Jesus Christus sehen.

Cette pratique était utile dans son origine, mais elle ne l'a pas été dans la suite car, les supérieurs se trouvant hors de la régularité du cloître, et n'étant plus retenus par la vue de leurs frères et par l'obligation de leur servir d'exemple, se sont donnés une licence qu'ils n'auraient pas osé prendre à leurs yeux. Ils se sont laissé aller à une charité fausse ou mieux dire à une cupidité véritable. Ils ont traité les hôtes dans une superfluité, dans une abondance, et dans des excès entièrement contraires à la simplicité de leur condition et à la pauvreté de leur état. Ce dérèglement en a produit quantité d'autres: les supérieurs se sont accoutumés à la bonne chère, et ont perdu l'esprit de pénitence. La liberté dans laquelle on les a vu vivre les a privés de toute considération, les a rendus méprisables et au lieu d'imprimer de la retenue comme ils le devaient, ils ont inspiré le libertinage.

Les hôtes n'ont plus trouvé ni l'instruction, ni l'exemple qu'ils recevaient de ces repas lorsque la charité, la pénitence et la frugalité en faisaient le seul et le principal assaisonnement. On y a tenu des propos de tables, des discours de nouvelles et d'affaires du monde; on en a banni les entretiens édifiants. Les enfants ont imité les pères, le désordre de ceux-ci s'est communiqué aux autres et de là s'en est suivi l'extinction de la piété, la ruine des maisons saintes, et la dissipation des biens destinés pour la consolation des pauvres.

Diese Praxis war in ihrem Ursprung nützlich, aber in der Folge traf das nicht mehr zu, denn die Oberen, die sich außerhalb der geregelten Klosterordnung befanden und nicht mehr durch die Blicke ihrer Brüder sowie die Pflicht, ihnen als Beispiel zu dienen, gehemmt wurden, nahmen sich etwas heraus, was sie unter deren Augen nicht gewagt hätten. Sie gaben sich einer falschen Barmherzigkeit hin oder besser gesagt einer echten Gier. Sie traktierten die Gäste mit einem Überfluss, so überreichlich und übertrieben, was völlig im Widerspruch zur Einfachheit ihrer Umstände und der Armut ihres Standes stand. Diese Entgleisung verursachte dann eine Reihe weiterer: die Oberen gewöhnten sich an das Wohlleben und verloren den Bußgeist. Die Freiheit, in der man sie leben sah, hat sie jeder Achtung entzogen, machte sie verächtlich, und anstatt durch Zurückhaltung zu beeindrucken, wie sie es hätten tun sollen, haben sie zur Liederlichkeit angeregt.

Die Gäste fanden bei diesen Mählern nicht mehr die Unterweisung noch das Beispiel, wo barmherzige Liebe, Buße und Genügsamkeit die wichtigsten Gewürze gewesen wären. Man hielt dort Tafelsprüche, diskutierte die Nachrichten und weltliche Angelegenheiten; aufbauende Gespräche wurden vom Tisch verbannt. Die Kinder ahmten die Väter nach, deren Unordnung teilte sich den anderen mit, und das führte zum Erlöschen der Frömmigkeit, zum Verfall der heiligen Häuser und zur Verschwendung der Güter, die den Armen zum Trost bestimmt sind.

Question X

Mais peut-on se dispenser d'un point de la Règle que saint Benoît a si expressément ordonné?

Réponse

Non seulement on le peut, mais on le doit. Quand les Constitutions qui ont été faites par les saints pour l'édification de la foi, le maintien de la discipline et la conservation des bonnes mœurs, font des effets contraires, elles n'ont plus d'autorité. Il ne faut plus y avoir d'égard et on ne doit point douter qu'on ne soit obligé de quitter la lettre des Règles, quand elle est incompatible avec l'esprit. Ne croyez pas, mes frères, que ce sentiment me soit particulier, car il y a quantité de grands hommes et de grands saints qui ont été du même avis.

L'Assemblée qui s'est tenue dans Aix-la-Chapelle[222], défend aux abbés et aux religieux de manger avec les hôtes et veut qu'on les reçoive et qu'on les traite dans le réfectoire commun avec toute l'honnêteté et la charité possibles.

Voici ce que dit saint Pierre de Damien sur ce sujet[223]. Il est vrai que le Règle ordonne que l'abbé mange avec les pèlerins et les hôtes; et parce que les supérieurs qui ont de la piété et de la religion ne le font pas, afin de réprimer la débauche et de remédier à ces festins pleins de licence et de dissolution, vous voulez qu'on les dépose et qu'on les prive de leurs charges, quoiqu'ils ne fassent rien que d'observer avec exactitude l'intention de leur saint Instituteur, sans s'arrêter à la superficie des paroles,

[222] Cap. 21
[223] Opusc. ibid in fine.

Frage X

Aber kann man sich von einem Punkt der Regel entbinden, die hl. Benedikt so ausdrücklich befohlen hat?

Antwort

Man kann es nicht nur, man muß es. Wenn die Konstitutionen, die von den Heiligen für die Erbauung des Glaubens, die Aufrechterhaltung der Disziplin und die Erhaltung der guten Sitten erlassen wurden, gegenteilige Wirkungen auslösen, verlieren sie ihre Autorität. Man darf darauf keine Rücksicht mehr nehmen und man darf kein bisschen zweifeln, dass man gezwungen ist, vom Buchstaben der Regel abzuweichen, wenn sie unvereinbar mit dem Geist ist. Glaubt nicht, meine Brüder, dass nur ich dies so empfinde, denn es gibt viele großer Menschen und große Heilige, die derselben Ansicht waren.

Die Versammlung von Aachen verbietet den Äbten und Ordensleuten, mit den Gästen zu essen und will, dass man diese im gemeinsamen Speisesaal empfängt und mit der größtmöglichen Ehrerbietung und achtungsvoller Liebe behandelt.

Der hl. Petrus Damianus sagt zu diesem Thema: zwar befiehlt die Regel, dass der Abt mit den Pilgern und den Gästen speise; und weil die Oberen, die Frömmigkeit und Glauben besitzen, das nicht mitmachen, damit die Laster unterdrückt und diese Gelage der Freizügigkeit und Lockerheit zurückgedrängt werden, wollt ihr, dass man sie entlässt und aus der Verantwortung nimmt, obwohl sie nichts tun, als die Absicht ihres hl. Lehrers ganz genau zu befolgen, ohne oberflächlich an den Worten zu kleben.

et que se nourrissant de la moelle de l'esprit qui donne la vie, ils foulent aux pieds la paille de la lettre qui donne la mort... *Qui nimirum dum sancti doctoris intentionem vigilanter aspiciunt, sequi verborum superficiem parvipendunt, et dum medullam vivificatoris spiritus ruminant, occidentis litterœpaleas calcant*[224].

Saint Pierre[225], abbé de Cluny, dit à peu près la même chose en parlant des supérieurs. Pendant qu'ils se désaltèrent dans les eaux claires, ils font boire celles qui sont troubles et bourbeuses aux saint troupeau de Jésus Christ; c'est-à-dire: pendant qu'ils ont un extrême soin d'eux-mêmes, ils négligent les autres; et parce qu'ils ont fait un mauvais usage d'un précepte qui est bon en soi, il est nécessaire de mettre un nouvel appareil à une plaie nouvelle et de changer un règlement qui était utile autrefois, par une conduite encore plus utile. C'est pourquoi, afin de détruire par la vertu un vice qui est né de la vertu même, comme c'est la Règle qui les a tirés du réfectoire pour les mettre à la table des hôtes, il faut que la règle de la raison et de la charité les ramène de la table des hôtes au réfectoire... *Ea propter, ut vitium virtute ortum rursum virtute extingueretur cum de communi mensa singularem, regula transmisisset, iterum de singulari ad communem, regula rationis et charitatis inducat*[226].

[224] Diese nämlich, während sie die Absicht ihres heiligen Lehrers genau beachten, halten es für gering, sich an der Oberfläche der Worte aufzuhalten, und während sie das Mark des lebendig machenden Geistes immer wiederkäuen, treten sie den Spreu des Tod bringenden Buchstabens nieder.
[225] Petrus Venerabilis, Epistulae, I, 28, 135
[226] Darum soll, damit das Laster, das aus einer Tugend entstanden ist, wiederum durch eine Tugend ausgelöscht werden kann, weil die Regel (die Äbte) vom gemeinsamen Tisch zu dem Tisch für einzelne (Gäste) herübergeführt hatte, die Regel der Vernunft und der Liebe sie wiederum vom Tisch für einzelne zum gemeinsamen Tisch herüberführen.

Und sie leben vom Mark des Geistes der das Leben schenkt und zermalmen mit den Füssen das Stroh der Buchstaben die töten.....*Qui nimirum dum sancti doctoris intentionem vigilanter aspiciunt, sequi verborum superficiem pervipendunt, et dum medullam vivificatoris spiritus ruminant, occidentis litterœpaleas calcant.*

Der hl. Petrus, Abt von Cluny, sagt fast das Gleiche, wenn er über die Oberen spricht. Während sie ihren Durst an klaren Wassern stillen, lassen sie die heilige Herde Jesu Christi das trübe und schlammige Wasser trinken; das heißt: während sie sich selbst mit größter Sorgfalt pflegen, vernachlässigen sie die anderen; und weil sie ein in sich gutes Gebot missbrauchen, ist es notwendig, diese neue Plage mit einem neuen Instrument zu behandeln und die Vorschrift, die früher nützlich war, durch ein Verhalten zu ändern, das noch mehr Nutzen bringt. Deshalb, um durch die Tugend ein Laster zu besiegen das aus ebenderselben Tugend entstanden ist, so wie die Regel sie aus dem Speisesaal an den Tisch der Gäste versetzte, muß die Regel der Vernunft und der barmherzigen Liebe sie nun vom Gästetisch wieder in das Refektor zurückbringen ... *Ea propter vitium virtute ortum rursum virtute extingueretur cum de communi mensa singularem, regula transmisisset, iterum de singulari ad communem, regula rationis et charitatis inducat.*

Les religieux Camaldules prétendent que ce n'est qu'une simple permission que saint Benoît a donnée, de manger avec les hôtes et non pas un commandement. Et que ce n'est point une chose déraisonnable – si n'ayant pas les mêmes raisons d'en user de la sorte qu'on pouvait avoir de son temps – les Pères, pour de justes causes, ne se servent pas de cette permission et obligent l'Abbé autant qu'il est possible, de manger à la table commune avec les frères.

Saint Dunstan[227] dit que ce n'est pas par un mépris de la Règle, mais pour le salut des âmes que les saints Pères ont ordonné par un Décret synodal, qui est exactement observé, que nul Abbé ni aucun des frères ne mangerait et ne boirait hors du réfectoire, si ce n'était en cas de maladie et d'infirmité.

Les religieux de Cîteaux qui reprirent la Règle de saint Benoît dans une exactitude tout littérale, rétablirent cette ancienne pratique. Et quoiqu'ils aient pris des précautions pour en arrêter les abus en ordonnant qu'on se servirait de légumes à la table qui serait commune aux hôtes et à l'Abbé, leur prévoyance fut inutile, comme il paraît par une lettre que le bienheureux Fastrède, troisième abbé de Clairvaux, écrivit à un Abbé de l'Ordre qui en avait quitté la discipline et la pénitence[228].

J'ai appris, lui dit-il[229], d'une personne qui n'a pas moins de compassion des maladies de votre âme que vous en avez de celles de votre corps, que vous avez tellement effacé de votre mémoire l'obligation de vivre selon votre Règle

[227] In Stat. c.8
[228] Us Cist. c. 109
[229] Fast. Ep..inter opera Bern. Cf. Lettre CDXL dans: Œuvres Complètes, tome 2 p.111; Ed. Charpentier (1866). Ou Lettre CDXCI dans Œuvres complètes, tome 2 p. 113; Ed. Ravelet (1867).

Die Camaldulischen Mönche behaupten, es sei nur eine einfache Erlaubnis des hl. Benedikt, mit den Gästen zu essen und keine Anordnung. Und dass es keineswegs unvernünftig sei - wenn man nicht dieselben Gründe dafür hat, wie man sie zu seiner Zeit haben konnte – wenn die Väter aus gerechtem Grund nicht auf diese Erlaubnis bauen und den Abt verpflichten, sooft wie möglich am gemeinsamen Tisch mit den Brüdern zu essen.

Der hl. Dunstan, sagt, dass es nicht aus Mißachtung der Regel, sondern wegen des Seelenheils geschah, wenn die hl. Väter durch ein genau zu beachtendes Synodaldekret befohlen haben, dass kein Abt und kein Bruder außerhalb des Speisesaals essen und trinken soll, ausser bei Krankheiten und Gebrechen.

Die Mönche von Cîteaux, die die Regel des hl. Benedikt in ganz wörtlicher Genauigkeit wieder aufnahmen, stellten diese alte Praxis wieder her. Und obwohl sie Vorsichtsmaßnahmen ergriffen haben, um Missbräuche zu unterbinden, indem sie vorschrieben, dass man Gemüse gemeinsam für Gäste und Abt auftischen solle, war ihre Voraussicht umsonst, wie es durch einen Brief erscheint, den der selige Fastradus, dritter Abt von Clairvaux, an einen Abt des Ordens schrieb, der sich von Disziplin und Buße verabschiedet hatte:

Ich hörte von einer Person, sagt er ihm, die nicht weniger tiefes Mitgefühl mit den Krankheiten Ihrer Seele hat, als Sie mit denen Ihres Körpers haben, dass Sie aus Ihrem Gedächtnis die Pflicht, nach Ihrer Regel zu leben

et d'édifier vos religieux par votre exemple, que vous avez votre table à part, et que vous vous faites servir dans la chambre des hôtes, lors même qu'il n'y en a point dans le monastère, pour avoir plus de moyens de satisfaire vos appétits, et de contenter vos sens. Et que, sans crainte des châtiments dont Dieu menace ceux qui recherchent les consolations de cette vie, vous avez beaucoup plus de soin d'imiter dans vos habits et dans vos meubles la magnificence du mauvais riche, que la pauvreté de Lazare... Si vous êtes Abbé, et par conséquent la règle et le modèle de ceux qui sont sous votre conduite, comment est-ce que vous osez vous faire apprêter des viandes exquises, des poissons frais assaisonnés de différentes manières, et du pain fait hors du monastère de la main des femmes?

Ces sortes de maux et quantité d'autres, arriveront toujours quand les supérieurs se dispenseront des régularités communes et ne feront point de scrupule d'avoir une table particulière, et de manger avec les gens du monde. Les raisons qu'on apporte contre cette expérience sont si faibles, qu'elles ne méritent pas d'être réfutées.

En un mot, si saint Bernard vivait et voyait à quel point on a abusé de ses intentions, il changerait non pas d'esprit, mais de sentiment. Et il défendrait pour jamais aux Abbés de manger avec les hôtes.

und Ihre Mönche durch Ihr Beispiel zu erbauen, so völlig gelöscht haben, dass Sie Ihre eigene Tafel haben, und dass Sie sich im Gästezimmer bedienen lassen, und dies sogar wenn es im Kloster gar keine Gäste gibt, um desto mehr Mittel zu haben, Ihren Appetit zu stillen und Ihre Sinne zu befriedigen. Und Sie bemühen sich ohne Furcht vor Gottes Strafen für die, welche den Trost in diesem Leben suchen, und viel mehr darum, mit Ihren Gewändern und Möbeln die Herrlichkeit der schlechten Reichen nachzuahmen, als die Armut des Lazarus… Wenn Sie Abt und folglich der Massstab und das Vorbild von jenen unter Ihrer Leitung sind, wie kann es sein, dass Sie es wagen, für sich ausgesuchte Nahrung, frische, auf verschiedene Art gewürzte Fische und Brot zubereiten zu lassen, das außerhalb des Klosters von Hand der Frauen gemacht wurde?

Diese Übel und viele andere kommen immer dann, wenn die Oberen sich von der gemeinsamen Regeltreue lösen und keine Skrupel haben, an einer separaten Tafel zu speisen und mit den Weltlichen zu essen. Die Gründe, die man gegen diese Erfahrung vorbringt, sind so schwach, dass sie nicht verdienen widerlegt zu werden.

In einem Wort, hätte der hl. Bernhard erlebt und gesehen, wieweit man seine Absichten missbraucht, er hätte sich nicht im Geist, wohl aber in seinen Empfindungen geändert. Und er hätte den Äbten für immer verboten, mit den Gästen zu essen.

INHALT

Im gleichen Verlag erschienen vom gleichen Autor die Sammelbände:

Abbé de Rancé: Über das Beten...... 122 Seiten ISBN 978-3-8416-0025-7
und

Ausgewählte Texte aus de Rancé's: Über die Heiligkeit und die Pflichten des Ordenslebens, 407 Seiten ISBN 978-3-8416-0111-7

INHALT

Im gleichen Verlag erscheinen in loser Folge die weiteren Kapitel von Abbé de Rancé:

„Über die Heiligkeit und die Pflichten des Ordenslebens“ Band II

XVI	De la Retraite ISBN 978-3-8416-0028-8	Zurückgezogenheit ISBN 978-3-8416-0029-5 ISBN 978-3-8416-0030-1
XVII	Du Silence	Stille
XVIII	De l’abstinence et de l’austerité dans la nourriture / Enthaltsamkeit und Mäßigung bei der Nahrung - ISBN 978-3-8416-0112-4	
XIX	Du travail des mains	Handarbeit
XX	Des Veilles	Nachtwachen
XXI	De la Pauvreté	Armut
XXII	De la Patience dans les infirmitez et les maladies	Geduld bei Siechtum und Krankheiten
XXIII	Des Mitigations	Erleichterung

Danach werden die Kapitel des ersten Bandes folgen:

I	Chapitre Premier	Erstes Kapitel
II	De l’institution de la vie Monastique	Ordensleben als Institution
III	De l’origine de la vie Solitaire	Ursprung des Eremitenlebens
IV	Des differentes manières de vie qui se sont formées parmi les anciens Solitaires	Verschiedene Lebensweisen, die sich unter den frühen Einsiedlern bildeten
V	De l’Essence et de la perfection de la vie Coenobitique	Wesen und Vollkommenheit des Zönobitenlebens
VI	Des principaux moyens par lesquels les Religieux peuvent s’elever à la perfection de leur état	Verschiedene Mittel für Ordensleute, sich in ihrem Stand zu vervollkommnen
VII	De l’amour de Dieu	Liebe zu Gott
VIII	De l’amour et de la confiance des Superieurs	Liebe und Vertrauen der Oberen
IX	De la Charité et des devoirs des Superieurs	Nächstenliebe und Pflichten der Oberen
X	De la Charité que les Religieux doivent avoir les uns pour les autres	Nächstenliebe der Ordensleute untereinander
XI	De la Prière	Beten
XII	De la Penitence. Des Humiliations	Buße. Demütigung
XIII	De la Meditation de la Mort	Betrachtung des Todes
XIV	Des Jugements de Dieu	Gottesurteile
XV	De la Componction	Zerknirschung

MIX
Papier aus verantwortungsvollen Quellen
Paper from responsible sources
FSC® C105338

Printed by Books on Demand GmbH, Norderstedt / Germany